中国经济文库·应用经济学精品系列（二）

本书受到国家社科基金重大项目（17ZDA056）
首都流通业研究基地（JD-YB-2019-017） 共同资助

程熙鎔　于晓东 ◎著

家族企业亲缘关系、家族控制权与创新战略研究
——基于中国上市公司企业价值的视角

Research on Kinship, Family Control and Innovation Strategies of Family Firms:
Based on the Perspective of Corporate Value of Chinese Listed Firms

中国经济出版社
CHINA ECONOMIC PUBLISHING HOUSE
北京

图书在版编目（CIP）数据

家族企业亲缘关系、家族控制权与创新战略研究——基于中国上市公司企业价值的视角/程熙鎔，于晓东著．

—北京：中国经济出版社，2019.6

ISBN 978-7-5136-5745-7

Ⅰ.①家… Ⅱ.①程…②于… Ⅲ.①家庭企业—亲缘关系—研究—中国 ②家庭企业—控制权—研究—中国 ③家庭企业—企业创新—研究—中国 Ⅳ.①F279.245

中国版本图书馆 CIP 数据核字（2019）第 123546 号

责任编辑	赵静宜
责任印制	巢新强
封面设计	久品轩

出版发行	中国经济出版社
印 刷 者	北京九州迅驰传媒文化有限公司
经 销 者	各地新华书店
开 本	710mm×1000mm 1/16
印 张	13
字 数	200 千字
版 次	2019 年 6 月第 1 版
印 次	2019 年 6 月第 1 次
定 价	58.00 元
广告经营许可证	京西工商广字第 8179 号

中国经济出版社 网址 www.economyph.com 社址 北京市西城区百万庄北街 3 号 邮编 100037

本版图书如存在印装质量问题，请与本社发行中心联系调换（联系电话：010-68330607）

版权所有　盗版必究（举报电话：010-68355416　010-68319282）

国家版权局反盗版举报中心（举报电话：12390）　服务热线：010-88386794

前 言

在支撑中国市场发展的企业中,除了国有企业外,民营企业的表现也非常抢眼。在民营企业中,家族企业的表现也越来越引人注目。中国的家族企业越来越多地受到理论界和实务界的注意。然而,在中国,对于家族企业的业绩表现存在较大的争论,对于家族企业的价值也存在争议。与全国民营企业的平均创新投入相比,中国家族企业的研发强度和投入水平明显不足,而且已经成为一个较为普遍的问题。家族企业由个人和家族掌控,因此企业研发强度和投入水平较低的问题最后还是归结于个人和家族对于企业创新战略决策的选择。家族企业与非家族企业最大的区别在于家族企业的控股权在个人及其家族成员手中,并且家族成员还会参与到企业的实际经营中。实际上,在家族企业中,家族内部的各种亲缘关系基本上分享了家族对企业的控制权。因此,家族企业、企业价值、创新投入、家族控制权和亲缘关系形成了一个紧密联系的影响机制。

作为全球企业的一种主要的组织形式,家族企业在世界经济中发挥着非常重要的作用,国外对家族企业研究的历史较为悠久,国内很多学者也对中国的家族企业展开了多样化的研究。然而,国内外的学者普遍对家族企业的创新活动研究甚少,对家族企业对于创新活动抱有什么样的态度、如何进行创新活动决策的研究还鲜少有人涉及。关于家族企业控制权的研究,往往与委托代理问题相结合,探讨家族控制权从创业家族向职业经理人转移的过程。然而,很多学者都忽略了家族控制权首先在家族成员内部分配的过程,家族企业内部的家族成员在一定程度上共享着企业的控制权，这些亲缘关系究竟会如何影响家族企业价值，还需进行深入、系统性的探究。

基于上述研究目的，本书回顾了家族企业领域的已有研究成果，并对亲缘关系对于家族企业价值的影响、委托代理理论视角下的家族企业管理、社会情感财富视角下的家族企业管理、亲缘关系对于企业创新战略的影响等领域的研究进行了梳理、总结与点评。本书发现，已有文献存在以下几方面的问题：第一，多是围绕"家族企业有别于非家族企业"这一话题展开，缺乏对不同类型家族企业之间差别的研究；第二，关注不同亲缘关系如何影响家族企业的研究大多是经验性研究；第三，在分析家族企业价值时，委托代理理论和社会情感财富理论有着相矛盾的观点；第四，对家族企业创新不足的解释还停留在用社会情感财富理论解释的阶段。在文献研究的基础上，本书对核心变量进行概念界定，并说明测量方法。尤其是针对亲缘关系这一变量，本书将其解构为六种具体的亲缘关系。通过人工收集的方式，本书收集了深圳证券交易所中小板和创业板的所有家族企业的数据，并借助锐思数据库的核对与补充，最终获得包含435家家族企业、1941条观察值的面板数据。

从实证检验的结果来看，本书得出了以下五个结论：第一，将配偶、兄弟姐妹、子女、女婿和儿媳引入家族企业的董事会、监事会、高管层和核心技术层将会增强家族对企业的控制权。配偶、兄弟姐妹、子女、女婿和儿媳可以视作广义的核心家庭，将这四类亲属引入家族企业的核心层，本质上还是家族控制权在核心家庭中的转移和重新配置。堂/表兄弟姐妹和姻亲兄弟姐妹并不包含在核心家庭之内，都可以算作远亲。将堂/表兄弟姐妹和姻亲兄弟姐妹引入家族企业的董事会、监事会、高管层和核心技术层未必会影响家族对企业的控制权。第二，将女婿和儿媳引入家族企业的董事会、监事会、高管层和核心技术层将会对企业实施创新战略带来负面影响。女婿和儿媳即使进入家族企业的核心层，对放手大干一场实施创新战略还是有较大的顾忌，他们往往不会采取令家族不放心的行为。将配偶、兄弟姐妹、子女、堂/表兄弟姐妹和姻亲兄弟姐妹引入家族企业的董事会、监事会、高管层和核心技术层未必会影响家族企业实施创新战略，研究他们对创新战略的影响还需要增加更多情境条件。第三，家族对企业的控制权越集中，越不利于家族企业提升价值。家族控制权通过左右创新战略决策来影响企业价值，虽然家族拥有一定程度的控制权有助于遏制代理成本，然而较高的股权集中度还是会给家族企业带来伤害。家族股权集中度过高从而损害企业利益的途径之一就是降低研发投入水平，抑制家族企业的创新战略活动。第四，高成长性通常出现在家族企业的成长期，低成长性通常出现在家族企业的初创期和成熟期。当家族企业处于高成长性阶段时，家族控制权对企业价值的负面影响较强；当家族企业处于低成长性阶段时，家族控制权对企业价值的负面影响较弱。第五，当家族企业处于高成长性阶段时，创新战略在家族控制权与企业价值之间发挥的中介效应较强；当家族企业处于低成长性阶段时，创新战略在家族控制权与企业价值之间发挥的中介效应较弱。当家族企业处于初创期和成熟期，家族成员因为各种条件所限，即使为了满足自身的控制权私利，去影响企业创新战略的可能性也比较小；当家族企业处于快速成长期，家族成员很有可能受到获取控制权私利的引诱去实施掏空行为，令企业价值因为创新战略的开展不利而蒙受很大损失。

本书的创新之处体现在以下四个方面：第一，细化近亲、远亲、血亲、姻亲等亲缘大类，深入构建六种主要亲缘关系对家族企业影响的综合模型。本书构建了包含配偶关系、亲子关系、兄弟姐妹关系、堂/表兄弟姐妹关系、姻亲亲子关系和姻亲兄弟姐妹关系这六种主要的亲缘关系对家族企业影响的综合模型，并就这六种主要的亲缘关系与家族控制权和创新战略的关系进行了实证检验，将家族企业研究从"家族企业与非家族企业"的层面推进到"家族企业之间"的层面，揭开了家族企业内部不同亲缘关系作用的神秘面纱。第二，揭开家族企业价值影响机制的"黑箱"，探究亲缘关系对家族企业价值的影响路径。亲缘关系与家族企业价值之间存在着间接的影响关系。将配偶关系、子女关系、兄弟姐妹关系、姻亲子女关系引入家族企业的董事会、监事会、高管层或核心技术层有助于增强家族对企业的控制权，而依靠姻亲子女关系增强的家族控制权会进一步削弱家族企业的创新倾向和研发投入，导致家族企业的价值受到损害。第三，发掘亲缘关系对家族企业价值的影响机制，及其在家族企业不同发展阶段具有的不同路径特征。在成长性较低的初创期和成熟期，虽然亲缘关系会通过家族控制权影响创新战略，再影响企业价值，但是该作用路径其实是受到低成长性限制的。然而，在成长性较高的成长期，家族企业在快速扩张和市场拓展时，需要依靠创新战略来打开局面，会预留大量的资金投入到创新活动，这增加了家族成员掏空的机会。第四，关于社会情感财富理论与委托代理理论的悖论与连接点，本书也有比较有意义的发现。社会情感财富理论认为家族企业更愿意追求非经济利益，而委托代理理论认为家族企业会为了控制权私利而不顾家族企业的声誉和形象，二者之间存在理论悖论。但是无论追求非经济利益或控制权私利，家族企业的牺牲品都是创新战略和研发投入活动。当家族企业的股权集中度太高时，创新战略受到抑制，企业价值就会受到负面影响。

本书也存在着以下三点局限性，需要未来研究进行完善：第一，数据样本的局限性。由于数据收集的时间和条件所限，本书只收集了受到政府和国资影响较少的创业板和中小板上市家族企业的数据。第二，变量测量的局限性。本书并未对家族控制权的类型进行详细的划分，而是统一用前五大股东持股比例表示。第三，研究方法的局限性。由于面板回归方法所限，本书无法更进一步研究哪些亲缘关系组合能够引致较高的企业价值。后续研究可以利用全部 A 股上市家族企业的数据进一步检验本书的结论，并考虑更为复杂和相互作用的理论模型，将政府和国家资产的作用考虑在内；可以丰富本书的测量指标，将亲缘关系在家族企业内部发挥的作用更加具象化；可以探索亲缘关系、家族控制权、创新战略等和企业价值之间的非线性关系；可以进一步甄别女性亲属与男性亲属在家族企业中发挥的不同作用。

本书在大纲设计、终稿完成至出版面世的过程中，感谢导师中国人民大学商学院刘刚教授提供了宝贵的指导和建议,感谢中国经济出版社的编辑老师对本书的付出。

作者在写作过程中力求精益求精,然而由于自身水平有限,本书可能存在值得商榷或错误疏漏之处,恳请广大读者斧正(联系方式:xirongcheng@btbu.edu.cn,xiaodongyu@cufe.edu.cn)。

目 录

前 言 ··· 1

第1章 绪论 ·· 1
1.1 研究背景 ··· 1
1.1.1 实践背景 ··· 1
1.1.2 理论背景 ··· 3
1.2 研究问题的确定 ··· 6
1.3 研究方法 ··· 7
1.4 研究意义 ··· 8
1.4.1 实践意义 ··· 9
1.4.2 理论意义 ·· 10
1.5 研究框架 ·· 12

第2章 文献综述 ·· 15
2.1 家族企业及其管理特点 ····································· 15
2.1.1 家族企业的定义 ··· 15
2.1.2 家族企业的类型 ··· 18
2.1.3 中国家族企业的管理特点 ······························· 19
2.1.4 家族企业的发展阶段 ···································· 24
2.2 家族企业中的亲缘关系 ····································· 25
2.2.1 配偶关系 ·· 26

            2.2.2 亲子关系 …………………………………………………… 27
            2.2.3 兄弟姐妹关系 ………………………………………… 30
            2.2.4 堂表兄弟姐妹关系 …………………………………… 31
            2.2.5 姻亲亲子关系 ………………………………………… 32
            2.2.6 姻亲兄弟姐妹关系 …………………………………… 33
    2.3 社会情感财富视角下的家族企业管理 ……………………… 34
            2.3.1 社会情感财富的概念与类型 ………………………… 35
            2.3.2 家族企业与社会情感财富 …………………………… 38
    2.4 代理理论视角下的家族企业与控制权 ……………………… 42
            2.4.1 控制权的界定和类型 ………………………………… 42
            2.4.2 控制权的配置 ………………………………………… 44
            2.4.3 家族企业的控制权表现 ……………………………… 46
            2.4.4 家族控制权与代理问题 ……………………………… 50
    2.5 家族企业与创新战略 ………………………………………… 54
            2.5.1 创新的定义与类型 …………………………………… 54
            2.5.2 创新风险与不确定性 ………………………………… 60
            2.5.3 家族企业的创新 ……………………………………… 63
    2.6 企业成长性 …………………………………………………… 64
            2.6.1 企业成长性的影响因素 ……………………………… 65
            2.6.2 企业成长性的评价指标 ……………………………… 65
    2.7 企业价值 ……………………………………………………… 66
            2.7.1 企业价值的定义 ……………………………………… 66
            2.7.2 企业价值的评价指标 ………………………………… 68
    2.8 已有研究评述 ………………………………………………… 69

第 3 章 变量界定与数据来源 …………………………………………… 71
    3.1 核心变量的界定与测量 ……………………………………… 71
            3.1.1 对上市家族企业的界定 ……………………………… 71

3.1.2 因变量 ·· 73
　　3.1.3 自变量 ·· 74
　　3.1.4 中介变量 ·· 75
　　3.1.5 调节变量 ·· 76
　　3.1.6 控制变量 ·· 77
　3.2 数据来源 ·· 86

第4章 研究假设与研究模型 ·· 93
　4.1 研究假设 ·· 93
　　4.1.1 亲缘关系与家族控制权 ······································ 93
　　4.1.2 亲缘关系与创新战略 ·· 98
　　4.1.3 家族控制权的中介作用 ····································· 103
　　4.1.4 家族控制权与企业价值 ····································· 104
　　4.1.5 创新战略的中介作用 ······································· 108
　　4.1.6 企业成长性的调节效应 ····································· 110
　4.2 研究模型与估计方法 ··· 112
　　4.2.1 研究模型 ·· 112
　　4.2.2 估计方法 ·· 113

第5章 亲缘关系对家族企业影响结果检验 ······························· 123
　5.1 描述性统计 ··· 123
　5.2 相关分析 ··· 125
　5.3 回归分析 ··· 129
　　5.3.1 对"亲缘关系—家族控制权—创新战略"子模型的检验
　　　　　·· 129
　　5.3.2 对"家族控制权—创新投入—企业价值"子模型的检验
　　　　　·· 132
　　5.3.3 对企业成长性的调节作用的检验 ······························ 134

5.4 稳健性检验 ………………………………………………… 137
5.5 假设检验情况汇总 ………………………………………… 143

第 6 章 结论与展望 ………………………………………… 147
6.1 研究结论和讨论 …………………………………………… 147
6.2 研究创新 …………………………………………………… 150
6.3 实践启示 …………………………………………………… 153
6.4 局限性 ……………………………………………………… 156
6.5 未来研究方向 ……………………………………………… 157

参考文献 …………………………………………………………… 159
重要术语索引表 …………………………………………………… 192

图表索引

图 1-1　研究框架 …………………………………………………… 14
图 2-1　家族企业三环治理模式 …………………………………… 21
图 4-1　研究模型图 ………………………………………………… 113
图 5-1　企业成长性对家族控制权与企业成长性的调节作用 …… 136
图 5-2　假设检验汇总结果图 ……………………………………… 146

表 2-1　国内外学者对家族企业的定义 …………………………… 16
表 2-2　社会情感财富的维度分类 ………………………………… 36
表 2-3　控制权的代表性定义 ……………………………………… 42
表 2-4　创新风险的类型 …………………………………………… 61
表 2-5　企业成长性的影响因素 …………………………………… 65
表 2-6　企业成长性的评价指标 …………………………………… 66
表 3-1　变量定义和取值方法 ……………………………………… 84
表 3-2　数据样本结构 ……………………………………………… 88
表 5-1　变量的描述性统计结果 …………………………………… 124
表 5-2　变量相关系数表 …………………………………………… 127
表 5-3　亲缘关系—家族控制权—创新战略回归分析结果 ……… 130
表 5-4　家族控制权—创新投入—企业价值的回归分析结果 …… 133
表 5-5　企业成长性对于企业价值的调节效应回归分析结果 …… 135
表 5-6　亲缘关系—家族控制权—创新投入稳健性检验结果 …… 138
表 5-7　家族控制权—创新投入—企业价值的稳健性检验结果 … 140

表 5-8　企业成长性对于企业价值的调节效应稳健性检验结果 ········· 142
表 5-9　研究假设验证结果总结 ·· 145
表 6-1　核心家族成员与非核心家族成员对企业价值的影响机制 ······ 156

第1章　绪论

1.1　研究背景

1.1.1　实践背景

在2014年的全国经济形势座谈会上，李克强总理强调"企业是经济的基本细胞，是市场主体。企业兴则经济兴。"在支撑中国市场发展的企业中，除了国有企业，民营企业的表现也非常抢眼。而在民营企业中，家族企业的作用越来越大。根据我国首份《中国家族企业发展报告》，家族企业在民营企业中广泛存在，在全国85.4%的民营企业中，半数以上的控股权被掌握在个人和家族手中，55.5%的民营企业同时还有家庭成员参与管理。截至2016年，A股2781家上市公司中，家族企业占比达到31.8%[①]。家族企业已经成为左右我国经济的不可忽视的力量。

家族企业的发展吸引了多方面的关注。例如，《福布斯》每年会发布全球家族企业500强排行榜；普华永道专门成立了一支家族企业的调研团队，对50多个国家和地区内的2800家家族企业进行研究，并出版《全球家族企业调研报告》。关于中国家族企业的报告也层出不穷，例如中国民（私）营经济研究会家族企业研究课题组在2011年出版的《中国家族企业发展报告》[②]、中国民营经济研究会家族企业委员会在2015年出版的《中

---

① 数据来源：Wind数据库统计。
② 中国民（私）营经济研究会家族企业研究课题组. 中国家族企业发展报告2011[M]. 北京：中信出版社，2011.

国家族企业传承报告（2015）》①、浙江大学管理学院与全国工商联合作发布的《中国家族企业健康指数报告》《福布斯》（中文版）发布的《中国现代家族企业调查报告》等。中国的家族企业越来越多地受到理论界和实务界的关注。

那么，家族企业的绩效表现究竟如何呢？Anderson 和 Reeb（2003）发现，在美国构成标准普尔 500 指数的企业中，家族企业的绩效高于非家族企业②，欧洲家族企业的股价表现明显优于非家族企业。然而，在中国，对于家族企业的业绩表现存在较大的争论，对于家族企业的价值也存在争议。

Dosi（1988）认为，企业被公认为是创新的主体③，Ettlie（1998）和 Schumpeter（1934）将创新作为对未来成长的投资④⑤，创新对企业绩效和价值的影响重大。尤其对于正在经历制造业转型升级的中国而言，充当制造业主力军的家族企业更是需要依赖自主创新，转变运营模式和战略规划，从长远角度突破现有的瓶颈。然而，陈凌在《2014年中国家族企业健康指数报告》中却指出，与全国民营企业的平均创新投入相比，家族企业的研发强度和投入水平明显不足，而且已经成为一个较为普遍的问题⑥。

家族企业由个人和家族掌控，因此企业研发强度和投入水平较低的问题最后还是归结于个人和家族对于企业创新战略的决策。在家族企业中，这类型主观决策的问题通常都由掌握企业控制权的实际控制人决定。对家族企业控制权的争夺与配置不仅涉及有股份的家族成员、有股份的非家族

---

① 中国民营经济研究会家族企业委员会. 中国家族企业传承报告（2015）[M]. 北京：中信出版社，2015.
② Anderson R. C., Reeb D. M. Founding – family ownership and firm performance: Evidence from the S&P 500 [J]. The Journal of Finance. 2003, 58(3): 1301 – 1328.
③ Dosi G. Sources, procedures, and microeconomic effects of innovation [J]. Journal of Economic Literature. 1988, 26(3): 1120 – 1171.
④ Ettlie J. E. R&D and global manufacturing performance [J]. Management Science. 1998, 44(1): 1 – 11.
⑤ Schumpeter J. A. The theory of economic development: An inquiry into profits, capital, credit, interest, and the business cycle [M]. Piscataway, NJ: Transaction Publishers. 1934.
⑥ 陈凌. 2014 中国家族企业健康指数报告 [M]. 杭州：浙江大学出版社，2014.

成员、家族管理者和非家族管理者。掌握家族企业控制权的人将决定家族企业的创新方向和发展战略。

家族企业与非家族企业最大的区别在于家族企业的控股权在个人及其家族成员手中,并且家族成员还会参与到企业的实际经营管理中。实际上,在家族企业中,家族内部的各种家族成员分享了大部分企业控制权。2012年的《中国现代家族企业调查报告》发现对在上交所和深交所上市的家族企业,亲子关系已经成为出现频率最高的亲缘关系,比例高达46.8%;紧随其后的是配偶关系,比例高达45.9%;排在第三位的是兄弟关系,比例约为33.3%;兄妹、姐妹和姐弟关系所占比重则较小[①]。在港交所上市的内地企业倾向于只靠亲子关系和配偶关系的单一关系控制[②]。

因此,家族企业、企业价值、创新投入、家族控制权和亲缘关系形成了一个紧密联系的影响机制。令家族企业有别于非家族企业的亲缘关系,究竟会对家族企业的控制权产生何种影响,又如何左右家族企业的创新战略决策,进而对企业价值产生积极或消极的作用呢?家族企业的发展现实引发了对这一系列问题的思考。

1.1.2 理论背景

作为全球企业的一种主要的组织形式,家族企业在世界经济中发挥着非常重要的作用,国外对家族企业的研究历史较为悠久。苏启林和欧晓明(2002)发现,自20世纪60年代以来,国外家族企业研究开始逐渐升温[③],不少学者对家族企业这种组织形式展开了各种各样的研究,例如

---

① 《福布斯(中文版)》对家族企业的定义是:企业的所有权和控制权归属于一个家族,同时,必须有至少两名家族成员实际参与对企业的经营管理。这与本书后面对家族企业的定义存在差异。
② 《2012年中国现代家族企业调查报告》。
③ 苏启林,欧晓明.西方家族企业理论研究现状[J].外国经济与管理.2002(12):6-12.

Gómez - Mejía 等人（2007）①、Miller 和 Breton - Miller（2014）② 以及 Santiago（2011）③ 等诸多外国学者。与此同时，自从改革开放以来，新时代的家族企业也如同雨后春笋一般在我国大量出现，并成为我国民营经济的重要组成部分，国内很多学者也对中国的家族企业展开了多样化的研究，例如，陈凌（1998）④、褚小平（2002）⑤、吴炯（2016）⑥ 等国内学者。

然而，朱沆等人（2016）发现，国内外的学者普遍对家族企业的创新活动研究甚少，对家族企业对于创新活动抱持什么样的态度、如何进行创新活动的决策还是一个理论"黑箱"⑦。尽管很多研究都发现，与非家族企业相比，家族企业对于创新活动的投入较少，例如 Chen 和 Hsu（2009）⑧、陈凌和吴炳德（2014）⑨、Muñoz - Bullón 和 Sanchez - Bueno（2011）⑩ 等人的研究，但是对此现象的解释基本都归结到社会情感财富理论（Socioemotional Wealth Theory）。Gomez - Mejia 等人（2011，2014）认为家族企业减

---

① Gómez - Mejía L. R., Haynes K. T., Núñez - Nickel M., Jacobson K. J., Moyano - Fuentes J. Socioemotional wealth and business risks in family - controlled firms: Evidence from Spanish olive oil mills [J]. Administrative Science Quarterly. 2007, 52(1): 106 - 137.

② Miller D., Breton - Miller L. Deconstructing socioemotional wealth [J]. Entrepreneurship Theory and Practice. 2014, 38(4): 713 - 720.

③ Santiago A. L. The family in family business case of the in - laws in Philippine businesses [J]. Family Business Review. 2011, 24(4): 343 - 361.

④ 陈凌. 信息特征、交易成本和家族式组织[J]. 经济研究. 1998(7): 27 - 33.

⑤ 褚小平. 职业经理与家族企业的成长[J]. 管理世界. 2002(4): 100 - 108.

⑥ 吴炯. 家族企业剩余控制权传承的地位、时机与路径——基于海鑫、谢瑞麟和方太的多案例研究[J]. 中国工业经济, 2016(4): 110 - 126.

⑦ 朱沆, Eric Kushins, 周影辉. 社会情感财富抑制了中国家族企业的创新投入吗？[J]. 管理世界. 2016(3): 99 - 114.

⑧ Chen, H. L., Hsu. W. T. Family ownership, board independence and R&D investment [J]. Family Business Review. 2009, 22(4): 347 - 362.

⑨ 陈凌, 吴炳德. 市场化水平、教育程度和家族企业研发投资[J]. 科研管理. 2014(7): 44 - 50.

⑩ Muñoz - Bullón, F., M. J. Sanchez - Bueno. The impact of family involvement on the R&D intensity of publicly traded firms [J]. Family Business Review. 2011, 24(1): 62 - 70.

少创新投入和研发活动的原因是为了防止社会情感财富流失①②。虽然这个解释在一定程度上揭示了家族企业的特质，但是，一方面上述解释对这个影响过程的认识还存在局限，另一方面，还可以从委托代理理论的角度去解读这个现象。

关于家族企业的控制权研究，往往与委托代理问题相结合，探讨家族控制权从创业家族向职业经理人转移的过程，如徐细雄和刘星（2012）的研究就探讨了委托人和代理人之间的控制权转移③。然而，很多学者都忽略了家族控制权首先在家族成员内部分配的过程，即在委托人之间分配的过程。这并非委托代理理论的大股东对小股东的代理问题，而是家族企业的控股大股东决定谁可以共享控制权的问题。

通常，家族企业的控股股东会将家族成员引入董事会、监事会和高管层，由家族成员共同对家族企业进行管理。现有研究更多地聚焦于家族企业和非家族企业之间的区别，如 Anderson 和 Reeb（2003）的研究④，或者对家族企业的高管层中是否包含亲缘关系进行笼统的统计，如连燕玲等人（2012）的研究⑤，对家族企业内部的亲缘关系进行具体的、分门别类的研究较少。

家族企业内部的家族成员在一定程度上共享着企业的控制权，他们通过操纵企业的控制权，决定创新活动的开展和创新资金的投入，而企业的创新活动又会影响企业价值。换言之，将各种亲缘关系引入家族企业，可

---

① Gomez – Mejia, L. R., R. E. Hoskisson, M. Makri, D. Sirmon and J. T. Campbell Innovation and the preservation of socioemotional wealth: The paradox of R&D investment in family controlled high technology firms（Unpublished manuscript）. Mays Business School, Texas A&M University. 2011.

② Gomez – Mejia, L. R., Campbell, J. T. Martin, G. Hoskisson, R. E. Makri M., Sirmon. D. G. Socioemotional wealth as a mixed gamble: revisiting family firm R&D invest ments with the behavioral agency model [J]. Entrepreneurship Theory and Practice. 2014, 38(6): 1351 – 1374.

③ 徐细雄, 刘星. 创始人权威、控制权配置与家族企业治理转型——基于国美电器"控制权之争"的案例研究[J]. 中国工业经济. 2012(2):139 – 148.

④ Anderson R. C, Reeb D. M. Founding – family ownership and firm performance: evidence from the S&P 500 [J]. The Journal of Finance. 2003, 58(3): 1301 – 1328.

⑤ 连燕玲, 张远飞, 贺小刚, 梅琳. 亲缘关系与家族控制权的配置机制及效率——基于制度环境的解释[J]. 财经研究. 2012(4):91 – 101.

能会对企业价值产生消极或积极的影响。而且，当家族企业处于较好的成长态势或者遇到发展低谷时，这种影响也会呈现出不同的方式。这些亲缘关系究竟会如何影响家族企业价值，还需进行深入的、系统性的探究。

1.2 研究问题的确定

从家族企业在实际运营表现出的特点和已有研究的理论不足出发，本书将分析不同类型的亲缘关系对家族企业价值的影响。具体而言，本书将着重考察以下三个主要问题：

第一，探究包含不同类型亲缘关系的家族企业在家族控制权、创新战略投入和企业价值上的差异。将已有研究的重点从"家族企业与非家族企业"之间的区别拓宽到不同家族企业之间的区别上，从家族企业群体内部审视其独特的治理特点。具体来说，家族企业中主要的亲缘关系包括配偶关系、亲子关系、兄弟姐妹关系、堂/表兄弟姐妹关系、姻亲亲子关系和姻亲兄弟姐妹关系，可以归纳为近亲和远亲、血亲和姻亲这两种维度。这六种亲缘关系在家族企业内部产生了各不相同的作用，对家族控制权、创新战略投入和企业价值都存在直接或间接的影响。然而，现有研究尚未重点关注家族企业内部的亲缘关系，这也是本书致力于揭开的"黑箱"。

第二，阐释不同亲缘关系对于家族企业价值的不同影响机制。本书认为，家族企业内部不同的亲缘关系会对企业价值产生间接的影响，即必须通过家族控制权和创新战略来传导这种影响，并且这种传导机制还受到企业成长性的调节。本书尝试解读在这一环扣一环的作用机制中，每个环节究竟是如何发挥作用、发挥了什么样的作用。在搞清楚家族企业的价值影响机制后，家族企业才能够在特定的治理情境中选择最恰当的管理方式。

第三，以往的研究主要用社会情感财富理论去解释与家族企业治理特点相关的问题，然而本书认为，与控制权相关的委托代理理论在家族企业领域也具备一定的解释力度。社会情感财富理论和委托代理理论是家族企业管理领域最为重要的理论，但是二者在解释家族企业对于经济目标和非经济目标的追求时存在矛盾之处。实际上，这两种理论之间的悖论在解释家族企业创新战略时处于一种对立统一的状态，这是本书研究的重点。

1.3 研究方法

本书从社会情感财富理论视角下的家族企业及其亲缘关系出发，结合与家族企业控制权相关的委托代理理论，分析我国上市家族企业内部的亲缘关系、家族控制权、创新战略和企业价值之间的一系列影响机制。通过对国内外的相关文献进行阅读、归纳和整理，建立符合现实情况的理论研究模型，收集上市家族企业的数据并加以处理和分析，利用文献研究法、理论建模法和实证分析法，将理论和实践进行有机的联系和结合，探索影响中国家族企业价值的复杂因素。

1. 文献研究法

为了清晰、准确地把握本书涉及的领域内前人的研究成果，本书采用文献研究法对家族企业、亲缘关系、家族控制权、创新战略、企业价值、社会情感财富理论、委托代理理论等方面的文献进行了翔实的回顾和归纳。通过英文期刊论文数据库，如 EBSCO、JSTOR、Web of Science、Wiley – Blackwell 电子期刊数据库及在线图书数据库、Google 学术等，中文期刊论文数据库，如中国期刊全文数据库（中国知网）、中国报纸资源全文数据库等，以及百度学术等途径，收集了上述领域内数百篇中英文论文进行泛读，并将其中核心的数十篇论文进行精读和提炼，包括 AMJ（Academy of Management Journal）、AMR（Academy of Management Review）、SMJ（Strategic Management Journal）、JBV（Journal of Business Venturing）、FBR（Family Business Review）、《管理世界》《中国工业经济》《南开管理评论》《心理学报》等国内外顶级期刊。通过文献研读法，为后续理论模型的建立、实证模型的提出和从理论联系实际奠定了基础。

2. 理论建模法

在战略管理、公司治理、创新与创业和计量经济学等学科相关理论的基础上，本书对影响中国上市家族企业价值的因素和机制进行了理论建模。具体而言，战略管理领域关注亲缘关系如何影响家族企业在各个关键节点和具体事件上的战略决策；公司治理领域关注创始人及其家族如何掌握、配置和掌控家族企业的控制权；创新与创业领域关注家族企业初创时的创始人及其家族权威、影响力，以及家族企业在发展壮大时对创新持有的态度、采取的措施和承受的风险；计量经济学领域则关注厘清影响中国上市家族企业的价值影响机制所需要使用的计量方法。在梳理这些理论逻辑和汇集这些理论交叉点之后，本书建立了中国上市家族企业价值影响机制的理论模型，拓展了家族企业与公司治理、创新与创业等跨学科的理论交汇与融合。

3. 实证分析法

本书依据统计学理论和方法对上市家族企业的数据进行有条件和有选择的收集、描述、整合和检验，并运用计量经济学理论和方法对中国上市家族企业价值的影响机制进行了建模，对亲缘关系、家族控制权、创新战略、企业价值和企业成长性等不同变量之间的关系进行了检验，对模型中各要素之间的影响关系进行了分析。基于大规模的面板数据样本，本书运用相关系数检验、面板数据回归分析、逐步检验回归系数法、偏差校正的非参数百分位 Bootstrap 法、系数乘积项层次回归分析法和中介效应的差异检验法等多种统计研究方法，对研究模型中包含的主效应、中介效应、调节效应和被调节的中介效应进行检验，并变更多个变量的测量方法，采用稳健性检验以增加实证研究模型结果的合理性和可靠性。

通过采用文献研究法、理论建模法和实证分析法，在中国上市家族企业价值影响机制方面，本书得出了一些具有普遍意义的结论，并理论联系实际地对这些结论加以讨论和剖析，提出了与家族企业内部亲缘关系、家族控制权配置、创新活动投入决策、企业价值提升等方面的改进建议。

1.4 研究意义

陈凌（2001）、Chrisman 等人（2007）的研究已经表明，家族企业在支持国民经济发展、创造社会财富、提供就业岗位等方面起到了重要的作用①②，因此，对家族企业的相关问题进行研究，不仅能够为企业管理者和社会投资者提供决策的根据，还能够丰富家族企业领域的理论，促使理论进一步深入发展。

1.4.1 实践意义

本书可以带来以下几方面的实践意义：

第一，为家族企业实际控制人将家族成员引入企业董事会、监事会、高管层和核心技术人员队伍的决策提供借鉴。不同的家族成员因为血亲和姻亲的纽带与家族企业紧密联系在一起。家族企业的实际控制人在面临增强家族控制权、引入可以信任的人力资源、扶植内部代理人或传承家族企业时，在很大程度上都倾向于将家族成员引入家族企业，血亲或姻亲家族成员、近亲或远亲家族成员、同代或后代家族成员，他们与家族企业的实际控制人在关系的亲疏远近上各不相同，因而与实际控制人之间存在不对等的信任和心理契约，导致家族企业产生不同层次的代理成本，影响家族企业的价值。基于此，本书旨在为家族企业引入亲属进入上述核心层的决策提供借鉴。

第二，对家族企业增强家族控制权会引致的问题提出警示。Wolfenzon（1999）研究发现，亚洲的家族企业普遍都倾向于通过金字塔股权结构形成庞大的家族企业集团，利用较大的股权和现金流权偏离度，以较小的股权获得杠杆效应③。同时，家族企业实际控制人还会引入家族成员，涉入企业的所有权和管理权，形成对家族企业的超强控制。这样做虽然在短期内强化了家族的社会情感财富，但是却容易诱使家族成员采取"隧道"行

---

① 陈凌. 面向网络时代的中国家族企业研究[J]. 学术研究. 2001(5)：12 – 13.
② Chrisman J. J., Chua J. H., Kellermanns F. W. et al. Are family managers agents or stewards? An exploratory study in privately held family firms [J]. Journal of Business Research. 2007, 60(10)：1030 – 1038.
③ Wolfenzon D. A theory of pyramidal ownership [J]. Unpublished working paper. Cambridge, MA：Harvard University Press, 1999.

为，将上市企业的利益偷偷输送给自己，损害了企业的社会股东的利益，增加的代理成本降低了企业价值，而且从长期来看，这样的行为也会损害家族的社会情感财富。基于此，本书强调了家族企业引入亲属及增强控制权会带来的负面影响。

第三，为家族企业实施创新战略提供推动力。虽然创新是企业发展和壮大的根本力量，但是家族企业在实施创新战略时会遭遇多重障碍。执行创新战略和研发投入活动存在较大的风险，引入各种亲缘关系的家族企业可能会为了保持家族对企业的控制，防范家族创新失败而失去控制权的危险，选择了减少创新战略和研发投入。对研发活动投入的资金可能会削弱家族的控制性资产，家族成员可能会为了追逐控制权私利，而做出浪费创新资源和机会的投资决策。这些行为都会使家族企业的声誉受损、企业价值降低。基于此，本书指出了不同亲缘关系可能会对创新战略带来的影响，也可为引导家族企业加大创新力度提供参考。

1.4.2 理论意义

本书可以带来以下几方面的理论意义：

第一，实证研究各种亲缘关系在家族企业经营与管理过程中的作用。国内的研究对家族成员的界定往往使用血亲、姻亲、近亲、远亲、核心家族成员、亲信等类别概念，例如，贺小刚等人（2010）[①]和王明琳等人（2014）[②]的研究就使用了亲属类别；国外的研究有针对配偶、兄弟姐妹、子女等在家族企业中的作用进行分析，例如 Poza 和 Messer（2001）[③]、

[①] 贺小刚,连燕玲,李婧,梅琳.家族控制中的亲缘效应分析与检验[J].中国工业经济.2010(1):135-146.

[②] 王明琳,徐萌娜,王河森.利他行为能够降低代理成本吗?——基于家族企业中亲缘利他行为的实证研究[J].经济研究.2014(3):144-157.

[③] Poza E. J., Messer T. Spousal leadership and continuity in the family firm [J]. Family Business Review. 2001, 14(1):25-36.

Levinson (1971)①、Miller (1998)②，然而将主要的亲缘关系集中在同一个理论模型中的研究较少。基于此，本书将家族企业中主要的配偶关系、亲子关系、兄弟姐妹关系、堂/表兄弟姐妹关系、姻亲亲子关系、姻亲兄弟姐妹关系都纳入理论模型中，研究每一种亲缘关系在家族企业中的影响，避免了因研究情境、数据收集、变量设置等方面的差异造成无法比较不同亲缘关系作用的问题。这对于系统地审视上述亲缘关系具有重要意义。

第二，解释家族企业中亲缘关系对企业价值的影响机制。朱沆等人（2016）发现不同的家族成员在家族企业中追求着不同类型的社会情感财富，导致家族企业所采取的战略选择也各不相同③。家族成员通常选择股权集中型控制模式，这样的控制模式将导致家族企业产生多个层次的代理问题（苏启林和朱文，2003）④。而控制权的集中又导致对家族企业影响重大的决策权力被掌握在家族成员手中，直接影响到家族企业实施的创新战略和研发活动。在控制权和创新战略方面的选择会对家族企业价值带来影响，然而目前还缺少较有说服力的逻辑将亲缘关系、家族控制权、创新战略和企业价值联系起来，也缺少实证证据去检验这个机制，本书将尝试弥补上述不足。

第三，结合社会情感财富理论和委托代理理论来解读亲缘关系与家族企业价值，解释两种理论在家族企业特有管理问题方面的悖论。朱沆等人（2012）及以往很多文献认为家族成员往往更看重企业带来的非经济回报⑤，然而徐鹏和宁向东（2011）等不少学者亦提出家族成员通过金字塔

---

① Levinson H. Conflicts that plague family businesses [J]. Harvard Business Review. 1971, 49(2): 90 – 98.

② Miller W. D. Siblings and succession in the family business [J]. Harvard Business Review. 1998 (76): 22 – 40.

③ 朱沆, Eric Kushins, 周影辉. 社会情感财富抑制了中国家族企业的创新投入吗？[J]. 管理世界. 2016(3): 99 – 114.

④ 苏启林, 朱文. 上市公司家族控制与企业价值[J]. 经济研究. 2003(8): 36 – 45.

⑤ 朱沆, 叶琴雪, 李新春. 社会情感财富理论及其在家族企业研究中的突破. 外国经济与管理. 2012(12): 56 – 62.

式的股权结构向自己输送经济利益①，本书拟通过研究不同亲缘关系与控制权和创新战略之间的关系来回应上述理论争论，揭示这两种理论在解释家族企业现象时的对立统一之处。

1.5 研究框架

基于本书的核心研究问题和研究目的，在此提出本书的综合框架，以保证研究的规范性和系统性，框架如图1-1所示。

第1章为绪论。该部分主要介绍了研究设想的实践背景和理论背景，并确定了本书的核心问题，介绍适合研究问题的一系列方法，指出进行本书的实践意义和理论意义，并提出本书的研究框架。

第2章为文献综述。该部分首先回顾了家族企业的定义和家族企业的管理特点，分析了家族企业中可能出现的主要亲缘关系，包括夫妻关系、父母子女关系、兄弟姐妹关系、堂表兄弟姐妹关系和姻亲关系，梳理了社会情感财富理论视角下的家族企业与亲缘关系，梳理了家族企业中的委托代理和控制权相关的问题，剖析了家族企业在创新战略方面的决策及其特点，并分析了家族企业的价值影响因素和机制。在此基础上，本评述了已有研究的不足之处，指出本书展开研究的理论基础和尝试做出的理论探索。

第3章为变量界定与数据来源。在这一部分，在开始研究之前，本书对各个概念和变量进行了清晰的界定，包括家族企业的具体标准、企业价值的定义和测量方式、家族控制权的定义和外在表现、亲缘关系的类别和对企业的家族涉入、创新战略的定义和财务表现、企业成长性的定义和测量方式。本书对概念和变量的边界进行了详尽的说明，并做了尽量避免争议的数据处理。

第4章为研究假设与研究模型。在这一部分中，本书在文献研究和核

---

① 徐鹏,宁向东. 家族化管理会为家族企业创造价值吗？——以中小板家族上市公司为例. 科学学与科学技术管理. 2011(11):144-151.

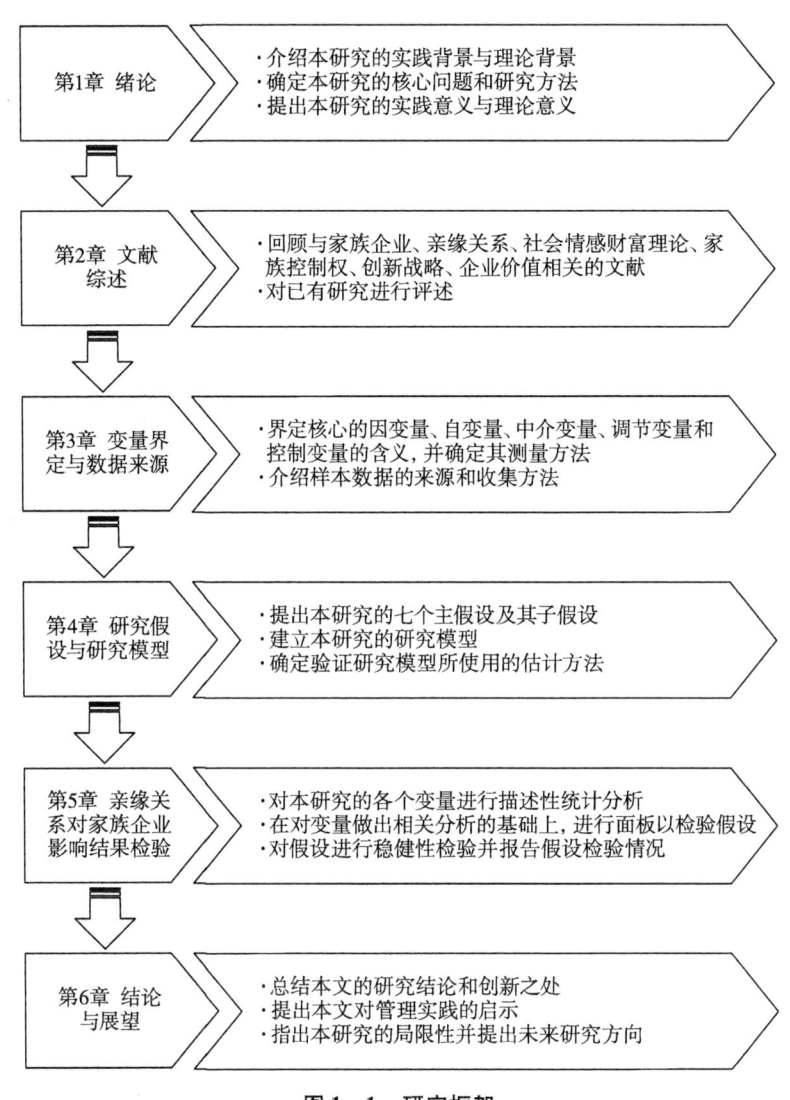

图1-1 研究框架

资料来源：作者绘制。

心变量界定的基础上，通过理论演绎的方式对亲缘关系、家族控制权、创新战略、企业价值和企业成长性之间的影响关系和影响机制进行了合理的假设。从社会情感财富理论和委托代理等理论视角出发，构建了中国上市企业价值影响机制的理论模型，并通过比较多种计量方法的优劣，确定了合适的模型估计方法。

第 5 章为亲缘关系对家族企业影响结果检验。在提出理论模型和假设之后,本书对假设进行了一系列的检验,包括描述性统计方法、相关分析方法、面板数据回归方法和非参数百分位 Bootstrap 法等。为了保证数据结果的稳定性和可靠性,本书还通过调整控制变量和更改变量测量方法等途径对统计结果进行稳健性检验。在此基础上,汇报假设检验是否成立,以及中介效应、调节效应、被调节的中介效应等效应比重。

第 6 章为结论与展望。该部分总结了本书的主要结论,并对主要结论进行讨论,归纳本书与以往研究相比的创新之处,以及对本书所涉及研究领域的贡献。基于管理理论应该指导企业经营管理实践、为企业实践服务的原则,本文还探讨了如何将主要结论应用于上市家族企业的具体管理。除此之外,本文还对研究的过程中遇到的问题和困难进行了总结,为未来的研究指明了方向。

第 2 章　文献综述

2.1　家族企业及其管理特点

家族企业是全世界范围内较为普遍和常见的企业组织形态，在全球企业中占相当大的比重。我国的家族企业在国民经济中也非常活跃，在当前的转型经济中也发挥着较大的作用。

2.1.1　家族企业的定义

对于家族企业应该如何定义，国内外学术界尚有争议，主要围绕在家族企业所有权、管理权、控制权、传承性、文化价值观等不同角度。对于究竟何种企业才算家族企业，本书总结了国内外学者的代表性定义，如表 2-1 所示。

从表 2-1 中可以看出，要满足家族企业的标准必须符合很多要求，Westhead 和 Cowling（1998）曾将这些要求总结为五个方面，即家族所有权、家族成员参与度、家族控制权、代际传承和多重限制条件[1]。本书依次对这五个方面进行讨论。

在家族所有权方面，储小平（2004）认为，所有权一直是确定企业是否为家族企业的主线[2]。不论家族成员有多少人在企业中任职，或者是否由该家族创立了企业，对企业的所有权都是判断家族企业的第一标准。然

---

[1] Westhead P., Cowling M. Family firm research: The need for a methodological rethink [J]. Entrepreneurship: Theory and Practice. 1998, 23(1): 31-33.

[2] 储小平. 华人家族企业的界定. 经济理论与经济管理[J]. 2004(1):49-53.

而，李善民和王陈佳（2004）指出，对于家族的临界所有权比例，学者们存在较大争议①。表2-1表明，国内外研究者认为家族或家族联盟的临界所有权比例的范围10%~60%不等，其实这些都是经验性的数字，需要根据不同国家和地区的情况进行综合判断。例如，在西方国家，企业的股权比较分散，家族拥有10%的所有权可能就能获得控股地位。因此，量化的临界所有权标准很难放之四海而皆准。而钱德勒（1987）和叶银华（1999）等提出的定性标准，虽然避免了设立一条僵化的临界所有权标准，但是在操作性上显然不如定量标准便利②③。

表2-1 国内外学者对家族企业的定义

代表学者	定义
盖尔西克等人（1998）、Barns & Hershon（1976）	个人或家族拥有控股权的企业
Corberta（1999）	建立在亲缘关系、姻亲关系和联盟关系基础上，家族成员通过足够多的风险资本掌控战略决策权的企业
钱德勒（1987）	企业创始人及其家族合伙人一直掌握大部分股权的企业
LaPorta et al.（1998）、Claessens et al.（2000）、Faeeio（2002）、Hayward（1992）、Donckels &Frohlich（1991）	家族拥有企业的所有权或股权比重临界值为10%到60%不等
Astrachan et al.（2002）	家族参与企业的管理
Ward（1997）	管理控制权在家族中传承的企业
Donnelley（1983）	两代以上家族成员涉入管理，家族利益与经营目标交互的企业
孙治本（1995）、金祥荣和余立智（2002）	家族或家族联盟直接或间接掌握控制权的企业

---

① 李善民,王陈佳.家族企业的概念界定及其形态分类[J].中山大学学报(社会科学版).2004(3):66-70.

② [美]小艾尔弗雷德·D·钱德勒.看得见的手——美国企业的管理革命[M].柳卸林,译.北京:北京大学出版社.2004.

③ 叶银华.家族控股集团、核心企业与报酬互动之研究——台湾与香港证券市场之比较[J].管理评论.1999(18):59-86.

续表

代表学者	定义
叶银华（1999）	家族二等亲以内担任董事或总裁，三等亲以内占董事会席位一半以上的企业
储小平（2002）	家族规则与企业规则相结合，家族掌握临界值以上所有权和控制权的企业
郑海航和曾少军（2003）	由家族创业，家族成员掌握企业财产和经营管理决策权的企业
朱卫平（2004）	个人或家族共同享有支配权，并能合法进行家族代际传承的企业

资料来源：作者根据资料整理。

在家族成员参与度方面，Astrachan 等人（2002）、Daily 和 Dollinger（1993）等学者都认为，家族成员对管理权的涉入也是家族企业的判断标准之一[1][2]。通常，在家族企业的董事会、监事会、高管层和核心技术层这种企业核心层中，都必须有家族成员占有一定比例的职位，这样才能在企业的运营管理上体现出家族的价值观和意志。

在家族控制权方面，李善民和王陈佳（2004）认为，虽然以控制权来界定家族企业比较难以操作，而且控制权本身也是由所有权派生出来的，但是仍然有必要通过控制权在家族和企业内部的配置来衡量家族企业[3]。如果家族成员没有掌握企业的控制权，那么企业在经营管理上也不会反映出家族成员的想法和理念，实际上和家族的联系并不紧密，不能作为家族企业考虑。

在代际传承方面，Ward（1997）和 Donnelley（1983）等人指出，企业控制权在家族成员中传承，或者家族二代及以上成员在企业内工作是家

---

[1] Astrachan J. H., Klein S. B., Smyrnios K. X. The F – PEC scale of family influence: A proposal for solving the family business definition problem1 [J]. Family Business Review. 2002, 15(1): 45 – 58.

[2] Daily C. M., Dollinger M. J. Alternative methodologies for identifying family – versus nonfamily – managed businesses [J]. Journal of Small Business Management. 1993, 31(2): 79.

[3] 李善民，王陈佳. 家族企业的概念界定及其形态分类[J]. 中山大学学报（社会科学版）. 2004(3):66 – 70.

族企业界定的重要条件，即家族企业必须体现出传承的意图①②。李善民和王陈佳（2004）认为这个定义太过严苛，对于中国家族企业而言，现代私营企业才发展了三十多年，很多企业的实际控制人还未到退休年龄，有些企业的代际传承并没有完全提上日程。在中国的特殊情况下，这些企业仍然可以被视为家族企业。

由于不论是所有权、管理权、控制权或代际传承方面的定义，国内外学者都不能够统一意见，因此 Westhead 和 Cowling（1998）认为，可以对家族企业的定义进行多重条件限制③。具体而言，这些定义其实就是盖尔西克等人（1998）提出的家族维度、企业维度和所有权维度的组合④。

2.1.2 家族企业的类型

一般根据企业的家族化程度对家族企业分类，然而，对于应该按照多少家族化临界值和何种家族涉入条件划分不同类型的家族企业，学者们仍然存在较大争议。

例如，张余华（2003）认为，根据家族化程度可以将家族企业划分为三种：第一，所有权和经营权合一，由一个家族或家族联盟牢牢掌握控制权；第二，家族或家族联盟掌握部分所有权和主要业务的经营权；第三，家族或家族联盟掌握部分所有权，而不再涉及企业的经营管理权⑤。晁上（2002）认为，家族企业可以划为古典家族企业和现代家族企业，前者是指家族在企业所有权、管理权和控制权上占绝对统治地位的企业；后者是指股权较为分散、采用科层制的现代家族企业⑥。

---

① Ward J. L. Growing the family business: Special challenges and best practices [J]. Family Business Review. 1997,10(4): 323 – 337.
② Donnelley R. G. The family business [J]. Harvard Business Review. 1964, 42(4): 93 – 105.
③ Westhead P., Cowling M. Family firm research: The need for a methodological rethink [J]. Entrepreneurship: Theory and Practice. 1998, 23(1): 31 – 33.
④ [美]柯林·盖尔西克等. 家族企业的繁衍:家族企业的生命周期[M]. 贺敏,译. 北京:经济日报出版社. 1998.
⑤ 张余华. 中国家族企业治理结构研究[J]. 江汉论坛. 2003(3):47 – 49.
⑥ 晁上. 论家族企业权力的代际传递[J]. 南开管理评论. 2002(5):19 – 23.

李善民和王陈佳（2004）对家族企业的划分进行了更详尽的论述，主要包括以下四种类型：家庭式企业、纯家族式企业、准家族式企业或泛家族企业和混合式家族企业①。家庭式企业是家族企业的极端形态，家族拥有企业所有的产权，企业的管理、财务等关键职位都掌握在家族成员手中。很多家庭作坊和个体户均采用了这种模式。当家庭式企业引入姻亲亲属后，企业即演变为纯家族式企业。此时企业的控制权仍然掌握在血亲和姻亲亲属手中，家族权威是企业治理的主要手段。当纯家族式企业进一步引入家族成员的熟人，如同学、战友、老乡、朋友、同事等，通过联姻、认干亲、拜把子等方式将他们吸收进泛家族圈子，填充到企业的关键岗位，但家族仍然控制企业的核心权力时，就成为了准家族式企业。当家族企业开始向社会招收人员占据家族企业的关键职位，进一步将控制权授让给外人时，家族企业就变成了混合式家族企业。这也是现在大部分家族企业的组织形态。

2.1.3 中国家族企业的管理特点

与非家族企业不同，家族企业由于存在家族和企业两套系统，其内部的经营管理呈现出较为复杂的局面，表现出与非家族企业差异较大的管理特点。而且，受到传统儒家文化的影响，中国的家族企业也不可避免地表现出与西方家族企业不同的特性。具体而言，中国家族企业的管理特点包括以下几个方面：

1. 儒家文化影响

费孝通（1949）指出，中国传统的儒家文化以"家"为核心，倡导亲缘关系由近及远的差序格局②。家庭中的血亲、姻亲、盟亲、亲信、友人等依据差序逐层扩展开，反映在家族企业中，这些泛家族网络依然保持着由亲及疏的格局。马丽波和付文京（2006）认为，在家族企业发展壮大的

---

① 李善民,王陈佳. 家族企业的概念界定及其形态分类[J]. 中山大学学报(社会科学版). 2004(3):66-70.
② 费孝通. 乡土中国[A]. 费孝通卷(东方之子、大家丛书)[C]. 北京:华文出版社,1999.

过程中，亲缘关系会从核心逐渐向外扩大，直到将非家族成员也吸纳入泛家族网络①。

传统儒家文化还崇尚家族权威，强调"君为臣纲，父为子纲，夫为妻纲"②，必须遵循家族内男性长者、尊者的权威，服从权威人物的命令和决策。因此，在家族企业中，创始人（尤其是男性创始人）往往具有非常高的权威，他们的创业精神和人格魅力影响了整个企业文化。在家族传承中，继任者如果无法树立家族权威，则会面临来自家族和企业的质疑。Redding（1990）发现，家族权威和家长制组织气氛常常代替正式制度在家族企业中发挥作用③。

同时，"内外有别"也是传统儒家文化的重要内涵。Karra 等人（2006）、王明琳和周生春（2006）发现，具有亲缘关系的家族成员很容易凝聚和团结在一起，他们的价值观和目标相近，而且由于利他主义的存在，他们也容易以妥协的方式避免冲突，付出而且不求回报④⑤。家族企业的管理很大程度上植根于亲缘关系。而对于非家族成员而言，由于"非我族类，必有异心"的思想作祟，除非他们打入泛家族网络，否则很难得到家族成员的信任。

2. 家族涉入

盖尔西克等人（1998）提出，家族企业存在独特的三环治理模式（见图 2-1）⑥。家族、董事会（管理权）、所有权交叉在一起，使得家族企业中存在至少八种类型的人员：家族、管理权和所有权集于一身的核心成员，拥有所有权但不参与管理的家族成员，拥有管理权但没有所有权的家

---

① 马丽波,付文京. 产权契约与家族企业治理演进[J]. 中国工业经济. 2006(5):120-126.
② （汉）董仲舒. 春秋繁露[M]. 周桂钿,译. 北京:中华书局. 2011.
③ Redding S. G. The Spirit of Chinese Capitalism[M]. NewYork: Walter de Gruyter. 1990.
④ Karra N., Tracey P., Phillips N. Altruism and agency in the family firm: Exploring the role of family, kinship, and ethnicity [J]. Entrepreneurship Theory and Practice. 2006, 30(6): 861-877.
⑤ 王明琳,周生春. 控制性家族类型、双重三层委托代理问题与企业价值[J]. 管理世界,2006(8):83-93.
⑥ [美]柯林·盖尔西克,等. 家族企业的繁衍:家族企业的生命周期[M]. 贺敏,译. 北京:经济日报出版社. 1998.

族成员,拥有所有权和管理权的非家族成员,没有所有权和管理权的家族成员,没有所有权的非家族管理人员,没有管理权的非家族所有者,以及没有所有权和管理权的非家族成员。无论是哪种类型的人员,都必然会受到是否拥有家族身份的影响。

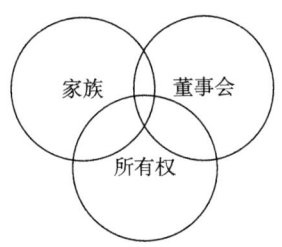

图 2-1　家族企业三环治理模式

资料来源:作者根据资料绘制。

在家族企业内部,所有权和管理权可以实现较高的统一。Davis 等人(1997)认为,家族企业必须兼顾家族目标和企业目标的平衡,实现家族利益和企业利益的最大化[①]。为了实现家族的愿景和价值观,通常家族成员除了拥有企业所有权之外,还会占据企业董事会、监事会、高管层或核心技术层等关键职位,即在一定程度上涉入企业的管理权和控制权。而且,在以家庭为主的儒家文化的影响下,中国家族企业的所有权和管理权一般会在家庭内部实现传承,使得代际之间能够不断维持高度集中的企业所有权和管理权涉入。

陈永志和郑若娟(2005)认为,由于亲缘关系蕴含了利他主义,因此家族成员之间通常愿意为了对方的利益作出牺牲,彼此之间的高度信任降低了企业内部的交易成本[②]。Simon(1993)指出,利他主义能够使得家族成员之间互相体谅,并保持较高程度的忠诚[③]。Jensen 和 William(1976)发现,家族成员参与管理能够使委托人和代理人的利益一致,让他们自觉

---

① Davis J. H., Schoorman F. D., Donaldson L. Towards a Stewardship Theory of Management[J]. Academy of Management Review. 1997,22(1):20-47.
② 陈永志,郑若娟. 略论中国家族企业制度创新[J]. 经济学家. 2005(3):83-89.
③ Simon H. A. Altruism and economics [J]. The American Economic Review. 1993, 83(2): 156-161.

地规范自身的决策和行为,维持家族企业的形象和声誉①。然而,Schulze 和 Lubatkin(2003)等学者却认为,利他主义也可能导致家族成员产生懒惰、搭便车、尸位素餐的行为,导致代理成本增加②。

3. 关系治理和契约治理

在家族企业内部存在两种治理模式:关系治理和契约治理。Poppo 和 Zenge(2002)指出,关系治理是一种非正式制度,指基于双方之间的关系,通过社会规则和社会过程进行治理③。社会规则包括信任、和谐、团结等,社会过程包括语言沟通、社会交往、信息互换等④。家族企业对家族成员通常采用关系治理模式。

契约治理是一种正式制度,Williamson(1985)认为,契约治理包括企业内部的董事会、监事会等机构部门,对员工的激励和惩罚制度,与利益相关者签订的一系列合同等⑤。Klein 等人(1978)指出,在交易风险较高的情况中,正式制度能够发挥的作用更大⑥。徐鹏和宁向东(2011)发现,家族企业往往对职业经理人和非家族成员员工采用契约治理⑦。由于家族成员和非家族成员之间存在信息不对称,缺乏强有力的信任基础,因此需要使用正式制度去规范非家族成员的行为。

关系治理和契约治理是并存而非冲突的两种治理模式。由于在制定正式制度时,无法将所有不确定因素考虑在内,提前预见到交易中的一切问

---

① Jensen M. C., William H. M. Theory of the Firm: Managerial Behavior Agency Costs and Ownership Structure [J]. Journal of Financial Economics. 1976, 3(4): 305 – 360.

② Schulze W., Lubatkin M., Dino R. Toward a Theory of Agency and Altruism in Family Firms [J]. Journal of Business Venturing. 2003, 18(4): 473 – 490.

③ Poppo L. Zenger T. Do formal contracts and relational governance function as substitutes or complements? [J]. Strategic Management Journal. 2002, 23(8): 707 – 725.

④ 李前兵,颜光华,丁栋虹. 家族企业引入职业经理后的内部治理模式与企业绩效——来自中小家族企业的证据[J]. 经济科学. 2006(2): 54 – 63.

⑤ Williamson O. The Economic Institutions of Capitalism[M]. Free Press: New York. 1985.

⑥ Klein B., Crawford R. G., Alchian A. A. Vertical integration, appropriable rents, and the competitive contracting process [J]. The journal of Law and Economics. 1978, 21(2): 297 – 326.

⑦ 徐鹏,宁向东. 家族化管理会为家族企业创造价值吗?——以中小板家族上市公司为例[J]. 科学学与科学技术管理. 2011(11): 144 – 151.

题，因此契约总是不完备的。对于正式制度中的缺漏，非正式制度起到了很好的补充作用。关系治理可以灵活地调解交易过程，与契约治理相互配合，使得企业中的交易更加顺畅，交易成本保持在低水平上。当然，李前兵（2006）指出，不同的家族企业对关系治理和契约治理的依赖程度是不同的[①]。

4. 资产结构

家族企业的特点还体现在其资产结构上。在家族企业创立初期，其资本主要来自于家族的自有资本。而当家族企业的规模逐渐扩大、员工人数增加，需要再进行融资时，Neubauer 和 Lank（1998）、Hutchinson（1995）指出，家族企业往往抵触股权融资方式，以免因为股权稀释而降低家族所有权，损害家族控制权和独立性[②③]。Morck 等人（2003）、Poutziouris（2001）发现，家族企业主尤其是第一代创始人通常都会偏好内源融资，即使外部资金也是通过私人关系获得，很少去外部公开市场募集资金[④⑤]。

虽然企业可以通过建立理论模型的方式获得最优的权益—债务融资比例，但 Myers（1984）指出，企业融资的偏好依次是内部资金、短期债务、中期银行贷款、外部权益资本，而不是依据计算出来的最优权益—债务融资比例[⑥]。Westhead 等人（1997）认为，家族企业优先考虑内源融资的原因除了保持控制权，还有保持企业的独立性以顺利完成代际传承，保证家

---

① 李前兵,颜光华,丁栋虹. 家族企业引入职业经理后的内部治理模式与企业绩效——来自中小家族企业的证据[J]. 经济科学. 2006(2):54-63.

② Neubauer F., Lank A. G. The Family Business [M]. London: Macmillan. 1998.

③ Hutchinson R. W. The capital structure and investment decision of the small owner-managed firm: Some exploratory issues [J]. Small Business Economics. 1995,7(3):231-239.

④ Randall M., Yeung B. Agency problems in large family business groups [J]. Entrepreneurship Theory and Practice. 2003, Summer:367-382.

⑤ Poutziouris P. The views of family companies on venture capital: Empirical evidence from the UK small to medium-size enterprising economy [J]. Family Business Review. 2001,14(3):225-239.

⑥ Myers S. C. The Capital Structure Puzzle [J]. Journal of Finance. 1984,39(3):575-592.

族企业的控制权能够延续到家族后代手中①。

2.1.4 家族企业的发展阶段

对于家族企业的发展阶段和生命周期,国内外学者的观点较为统一,即家族企业通常会经历初创时期、成长时期、成熟时期、衰退时期或转化时期(例如,盖尔西克,1998;Gersick 等人(1999);徐泰玲,2005;崔鼎昌和曾楚宏,2014;杨超和山立威,2016)②③④⑤⑥。具体而言:

在家族企业初创时期,家族企业往往由原先的家庭式作坊转变过来,创业者带领着自己的家庭成员一起开创事业。在这个阶段,企业的员工规模较小,员工和创业者有着同源属性,企业发展的资金主要来自于家族积累。家族对企业的股权较为集中,所有权与经营权高度统一。以家族中的亲缘和姻亲关系为基础,企业主要依靠家族权威进行治理,成员对家庭和企业忠诚,彼此之间相互信任、认同⑦。此时的家族企业充满了创业热情,依赖家族成员之间的心理契约和家族企业内部的非正式制度进行管理。家族企业的经营目标体现出了创始人和家族的愿景与价值观。

在家族企业成长时期,此时家族企业的规模持续扩大,雇员人数不断增加,企业绩效保持在较高的水平。同时,家族企业也面临着人力资源的短缺问题,很多企业开始依照血缘、姻缘、地缘、友缘、业缘等差序格局顺序⑧,由亲及疏地引入家族成员和非家族成员。同时,因为引入的亲属

---

① Westhead P., Cowling M. Performance Contrasts between Family and Non-family Unquoted Companies in the UK [J]. International Journal of Entrepreneurial Behavior and Research. 1997,3(1):30-52.
② [美]克林·盖尔西克. 家族企业的繁衍——家族企业的生命周期[M]. 北京:经济日报出版社. 1998.
③ Gersick K. E., Lansberg I., Desjardins M. et al. Stages and transitions: Managing change in the family business [J]. Family Business Review. 1999, 12(4): 287-297.
④ 徐泰玲. 家族企业生命周期管理战略创新[J]. 南京社会科学. 2005(S1):83-90.
⑤ 崔鼎昌,曾楚宏. 基于信任的家族企业控制权配置及其演化研究[J]. 中央财经大学学报. 2014(5):79.
⑥ 杨超,山立威. 家族企业实际控制人的任期如何影响企业绩效[J]. 当代财经. 2016(3): 65-76.
⑦ 李新春. 信任、忠诚与家族主义困境[J]. 管理世界. 2002(6):87-93.
⑧ 费孝通. 乡土中国[A]. 费孝通卷(东方之子、大家丛书)[C]. 北京:华文出版社,1999.

人数增加，控制权在家族成员之间被重新配置。而且，非家族成员进入了企业，无法再完全通过家族关系进行治理，家族企业开始建立起正式的管理制度，通过关系信任和制度信任双轨模式来规范家族成员和非家族成员的行为。

在家族企业成熟时期，家族企业先是经历了快速增长和繁荣，然后逐渐走向稳定和缓慢增长。此时家族企业的市场规模空前扩大，利润稳定，但也面临着竞争对手增多、竞争优势削弱、组织结构复杂、企业公开化程度不断提高的局面。尤其是非家族企业的人员将占据企业比较核心的岗位，创始人和元老也逐渐卸任，企业的家族色彩慢慢淡化，需要树立新的控制权配置和奖励制度以适应企业当前的经营管理需求[①]。

在家族企业衰退和转化时期，此时的家族企业虽然资产规模大，但是资产包袱中，资本负债率也居高不下，企业利润出现停滞或负增长。企业中有可能出现控制权的争夺和管理的紊乱，家族成员凭借家族身份占据与能力不匹配的重要职位，非家族成员得不到公平的待遇与信任，家族企业内部冲突不断的局面。同时，企业的组织结构僵化，经营管理效率较低，对市场的反应速度和应变能力下降，企业必须在消亡和变革中选择一条道路[②]。

2.2 家族企业中的亲缘关系

亲缘关系是指建立在基于血缘、婚姻和法律基础上的社会关系。根据社会约定俗成和法律的规定，亲属主要包括直系亲属，例如父母、配偶、祖父母和外祖父母、子孙及其配偶、兄弟姐妹及其配偶、配偶的兄弟姐妹及其配偶、岳父母和公婆，以及其他三代以内的旁系亲属，例如叔伯姑舅姨及其配偶、配偶的叔伯姑舅姨及其配偶、堂/表兄弟姐妹及其配偶、配偶的堂/表兄弟姐妹及其配偶、侄甥及其配偶、配偶的侄甥及其配偶等。

---

① 周其仁．控制权回报和企业家控制的企业[J]．经济研究．1997(5)：31-42．
② [美]伊查克·爱迪思．企业生命周期[M]．赵睿，译．北京：华夏出版社．2004．

家族成员之间的关系都建立在亲缘关系之上，主要包括亲缘关系和姻亲关系两种①。家族企业中较为常见的是以下六种亲缘关系：配偶关系、亲子关系、兄弟姐妹关系、堂/表兄弟姐妹关系、姻亲亲子关系、姻亲兄弟姐妹关系。Chua 等人（1999）和贺小刚等人（2010）认为，家族企业与非家族企业的最大差异就是亲缘关系参与并影响了企业的决策，在家族企业中发挥着不可忽视的作用②③。

2.2.1 配偶关系

配偶关系在家族企业中较为常见，Fitzgerald 和 Muske（2002）发现，由夫妻共同经营的家族企业大约占将近 1/3 的比重④。Beckman（2006）和 Dyer（2006）认为，在家族企业初创时期，具备经验、动力和技能的人才又是决定创业成败的关键因素之一，而此时家族企业的人力资本往往非常短缺，企业创始人通常会寻找自己最了解和最信任的配偶来当帮手⑤⑥。婚姻关系会带来夫妻之间的经济联系，因此，企业主的配偶自然成为了家族企业的重要利益相关者。Poza 和 Messer（2001）认为，不论配偶是否直接参与企业经营管理，他们的影响都会通过左右企业主的态度、资源和动力而渗透到企业的运营决策和财务绩效中⑦。

配偶的支持对于家族企业而言非常重要。Harris 等人（1994）指出，

---

① 魏明海,黄琼宇,程敏英. 家族企业关联大股东的治理角色——基于关联交易的视角[J]. 管理世界. 2013(3):133 - 147.

② Chua J. H., Chrisman J. J., Sharma P. Defining the family business by behavior [J]. Entrepreneurship: Theory and Practice. 1999, 23(4): 19 - 39.

③ 贺小刚,连燕玲,李婧,梅琳. 家族控制中的亲缘效应分析与检验[J]. 中国工业经济. 2010(1):135 - 146.

④ Fitzgerald M. A., Muske G. Copreneurs: An exploration and comparison to other family businesses [J]. Family Business Review. 2002, 15(1): 1 - 16.

⑤ Beckman C. M. The influence of founding team company affiliations on firm behavior [J]. Academy of Management Journal. 2006, 49(4): 741 - 758.

⑥ Dyer W. G. Examining the "family effect" on firm performance [J]. Family Business Review. 2006, 19(4): 253 - 273.

⑦ Poza, E. J., Messer, T. Spousal leadership and continuity in the family firm [J]. Family Business Review. 2001, 14(1): 25 - 36.

强有力的配偶支持是家族企业竞争优势和经营成功的来源之一①。当配偶愿意将家族资源如资产、社会关系网络、政治联系等投入家族企业，在企业经营遇到风险和挑战时提供情绪支持、缓解企业主的财务焦虑、保持家庭生活的稳定时，家族企业就更容易实现更好的绩效表现。Rowe 和 Hong（2000）发现，配偶可以直接对家族企业做出贡献②。Ponthiew 和 Caudill（1993）指出，配偶也可能是家族企业的共同创始人或合伙人③。配偶还可以间接影响家族企业，例如向企业主吹"枕边风"，将有关企业经营管理的创意、建议、意见传达给企业主，对家族企业的决策质量产生积极影响。当配偶对企业主的态度变得严苛，抨击企业的日常运营，不愿意向家族企业提供各种各样的资源时，企业主将被迫在家庭需求和企业需求之间做出抉择，这将对家族企业的生存和发展带来危机④。

2.2.2 亲子关系

亲子关系在家族企业中也非常普遍，尤其在中国的商业环境中，李新春（2003）和储小平（2002）认为，"内外有别"的信任结构和职业经理人市场的不完善都使得"子承父业"成为家族企业的主要传承模式⑤⑥，这也是符合中国传统儒家伦理文化的继承方式。亲子关系是最为亲密的社会关系之一，"血浓于水"使得父母和子女之间通常能够形成强有力的情感纽带，共同的家庭文化令父母和子女在大部分价值观上都保持一致，在利益和目的产生分歧时也能够在一定程度上做出妥协。

胡玮玮（2014）的研究发现，家族的很多隐形资产能够在亲子关系之

---

① Harris D., Martinez J. L. Ward J. L. Is strategy different for the family – owned business? [J]. Family Business Review. 1994, 7(2): 159 – 174.
② Rowe B. Hong G. S. The role of wives in family businesses: The paid and unpaid work of women [J]. Family Business Review. 2000, 13(1): 1 – 13.
③ Ponthieu L. Caudill L. Who's the boss? Responsibility and decision making in copreneurial ventures [J]. Family Business Review. 1993, 6(1): 3 – 17.
④ Van A. H., Werbel J. Family dynamic and family business financial performance: Spousal commitment [J]. Family Business Review. 2006, 19(1): 49 – 63.
⑤ 李新春. 经理人市场失灵与家族企业治理[J]. 管理世界. 2003(4):87 – 95.
⑥ 储小平. 职业经理与家族企业的成长[J]. 管理世界. 2002(4):100 – 108.

间流畅地传递①，包括生产产品和提供服务所需要的核心知识、技术诀窍和经验②，管理家族企业的胜任能力和对复杂事件的处理经验③，企业家高瞻远瞩的视野和对市场的把控预测能力④，企业家必备的冒险、敬业、勤奋、热情、谨慎的精神⑤，企业家积累的政治联系和关系网络⑥⑦，家族的经营理念、愿景和价值观等⑧⑨。子女从小在家庭中对父母经营企业的隐形资产耳濡目染，很多父母也非常注重对子女的言传身教，而且有些隐形资产无法传给外人，所以父母会更加注重对子女的培养。

然而，亲子之间也不可避免地会发生冲突，这些冲突大多在代际传承之际爆发出来。随着家族企业的发展，老一辈的企业主很多已经到了退休年龄，他们在企业中的决策也产生了不可抗拒的改变⑩。但很多企业主对企业的控制权和权威有着执着的眷恋，企业是他们权力、威信、能力和成就的象征，他们不愿意轻易离开奋斗了大半辈子的企业，对已经完成代际传承的企业进行干涉，令子女在企业中放不开手脚、处处受限⑪。同时，Kohn 和 Schooler（1983）发现，大部分企业主都非常注重对继承人的培

---

① 胡玮玮. 浙商家族企业隐性知识代际传承矩阵：基于多案例的探索性研究. 商业经济与管理[J]. 2014(1)：50 - 58.

② Cabrera - Suárez K. De Saá - Pérez P. García - Almeida D. The succession process from a resource - and knowledge - based view of the family firm [J]. Family Business Review. 2001, 14(1)：37 - 46.

③ 赵荔. 企业家隐性知识水平差异的影响因素分析[J]. 科技管理研究. 2009(6)：334 - 335.

④ 许爱玉. 企业家能力转型研究：以浙商为例[J]. 商业经济与管理. 2010(7)：31 - 35.

⑤ Franklin C., Streeter C. L., Springer D. W. Validity of the FACES IV family assessment measure [J]. Research on Social Work Practice. 2001, 11(5)：576 - 596.

⑥ 胡旭阳,吴一平. 国家族企业政治资本代际转移研究——基于民营企业家参政议政的实证分析[J]. 中国工业经济. 2016(1)：146 - 160.

⑦ Steier L. Next - generation entrepreneurs and succession: An exploratory study of modes and means of managing social capital [J]. Family Business Review. 2001, 14(3)：259 - 276.

⑧ Lambrecht J. Multigenerational transition in family businesses: A new explanatory model [J]. Family Business Review. 2005, 18(4)：267 - 282.

⑨ Drozdow N. What is continuity? [J]. Family Business Review. 1998, 11(4)：337 - 347.

⑩ 许忠伟,李宝山. 基于企业家生命周期的家族企业传承问题探讨[J]. 生产力研究. 2007(9)：107 - 110.

⑪ 刘婷,刘巨钦. 我国家族企业子承父业影响因素及实施策略研究[J]. 宏观经济研究. 2012(6)：100 - 106.

养,通常会将他们送到国内外的高等学府去接受精英教育①。继承人学成归来后,与父母的教育水平、经营理念常常会产生分歧。此外,当家族企业继承人对家族企业的经营方向和业务领域不感兴趣时,也会造成家族企业的传承困境②。

同时,由于中国实行了多年的计划生育政策,现在部分企业家都会面临一个独特的现象,即独生子女问题。在独生子女家庭中,子女是家族企业的唯一继承人,父母通常会非常早地给予独生子女一部分所有权,并安排他/她进入家族企业工作,熟悉家族企业的经营管理情况,与企业中的其他员工建立和谐关系,减少继承者的经营冒险行为③。在只有一个孩子的情况下,不论他/她对职位的胜任能力和资质如何,对家族企业有没有经营兴趣,企业主往往都会安排甚至强迫子女继承家族企业。

而在有多个子女的家庭中,家族企业的继承问题不会被很早提出来。一方面,企业主在世时掌握大部分股权能够树立企业和家族内部的家长权威,便于家族企业的管理和快速反应;另一方面,企业主担心过早选定继承人会让家族内部出现冲突和分裂,导致子女之间对所有权、管理权和控制权的争夺战④。Lin(1982)发现,企业主虽然希望把家族企业的继承权让渡给最有能力的孩子,但是出于公平和平衡的考虑,还是会尽量平均分配资源⑤。子女对于自己应该从父辈那里获得多少资源常常不能达成一致,在"能者多得""孝者多得""偏爱者多得""平均分配"的分歧上矛盾不断。

---

① Kohn M. L., Schooler C. Work and personality: An inquiry into the impact of social stratification [M]. Norwood, MA: Ablex. 1983.

② Sieger P., Zellweger T., Nason R. S. et al. Portfolio entrepreneurship in family firms: A resource - based perspective [J]. Strategic Entrepreneurship Journal. 2011, 5(4): 327 - 351.

③ Shepherd D. A. Structuring Family Business Succession: An Analysis of the Future Leaders Decision Making [J]. Entrepreneurship: Theory & Practice. 2000, 24(4): 16 - 40.

④ 郭萍. 独生子女家族企业的传承研究:基于比较的视角[J]. 理论月刊. 2015(3):132 - 136.

⑤ Lin N. Social Resources and Instrumental Action, in Peter Marsden and Nan Lin (Eds.). Social Structure and Network Analysis[M]. Beverly Hills, CA: Sage Publications. 1982.

2.2.3 兄弟姐妹关系

郭萍（2015）的研究表明，在中国的家族企业中，企业主只生育一个子女的家庭比例在12.55%左右[①]，大多数企业主都有生育多个子女的倾向。因此，未来将会出现由多位子女共同继承家族企业的现象，这种兄弟姐妹共同所有的家族企业将会变得越来越普遍[②]。

在这类家族企业中，兄弟姐妹之间的关系可能是非常敏感和脆弱的。这种敌对和消极的情绪很可能来自孩童时期，父母的比较、偏爱会令子女产生自卑、偏激的想法，对自认为更加优越的兄弟姐妹产生敌对性和攻击性。如果这种消极和不满的情绪没有得到父母的及时开导，那么随着年龄的增长，兄弟姐妹之间可能会爆发冲突，导致家族企业受到冲击[③]。

当然，如果具备相同的价值观、良好的沟通技巧和融洽的感情基础，兄弟姐妹之间可以实现良好的合作。在兄弟姐妹之间产生分歧和爆发冲突时，他们懂得如何消化不满和愤怒，做出适当的妥协和忍让，以维系家族成员之间的紧密合作，不让危机从家族和企业内部产生[④]。Farrington 等人（2012）的研究发现，如果兄弟姐妹在各自的资源范围、能力长处和领导模式上能够互相补充，将使得兄弟姐妹的合作产生相得益彰的效果[⑤]。与堂/表兄弟姐妹相比，兄弟姐妹对家族企业的认同感、荣誉感和责任感更强，会更加忠诚于家族企业，而不仅仅把家族企业当成财富的来源[⑥]。

[①] 郭萍. 独生子女家族企业的传承研究：基于比较的视角[J]. 理论月刊. 2015(3)：132－136.
[②] Ward J. L. Growing the family business: Special challenges and best practices [J]. Family Business Review. 1997, 10(4): 323-337.
[③] Friedman S. D. Sibling relationships and intergenerational succession in family firms [J]. Family Business Review. 1991, 4(1): 3-20.
[④] Ward J. L. Growing the family business: Special challenges and best practices [J]. Family Business Review. 1997, 10(4): 323-337.
[⑤] Farrington S. M., Venter E., Boshoff C. The role of selected team design elements in successful sibling teams [J]. Family Business Review. 2012, 25(2): 191-205.
[⑥] Gómez-Mejía L. R., Haynes K. T., Núñez-Nickel M., Jacobson K. J., Moyano-Fuentes J. Socioemotional wealth and business risks in family-controlled firms: Evidence from Spanish olive oil mills [J]. Administrative Science Quarterly. 2007, 52(1): 106-137.

2.2.4 堂表兄弟姐妹关系

Schulze 等人（2003）的研究表明，家族企业在演化过程中会依次经历三个阶段：控制人型家族企业（Controlling Owner）、兄弟姐妹合伙型家族企业（Sibling Partnership）、堂表兄弟姐妹财团型家族企业（Cousin Consortium）[1]。在堂表兄弟姐妹财团型家族企业阶段，堂表亲共同经营和管理家族企业，家族成员已经涉及第三代及其后代的多个家庭，增加了家族企业的管理难度[2]。当堂表兄弟姐妹接手家族企业时，创始人当年的奋斗故事和艰苦拼搏精神已经远去，第三代及其后代成员对家族企业的感情和依恋没有那么深厚，认同感和荣誉感也大大降低[3]。家族成员之间的关系变得疏远，利他主义的动机降低，在很多问题和利益争夺面前不再忍让，冲突几乎不可避免[4]。

然而，Lee 和 Tan（2001）等学者认为，堂/表兄弟姐妹共同经营和管理家族企业也能够带来独特的竞争优势[5]。此时的家族企业不再面临没有足够的继承人可供挑选的问题，可以在多位堂/表兄弟姐妹之间选择最具有职位胜任力的人作为领导者，而其他堂/表兄弟姐妹则可以为家族企业带来更多的资源异质性。Andersson 等人（2002）认为，如果可以在堂/表兄弟姐妹之间确立分工合作的制度，也能够保证家族企业的高效经营[6]。

---

[1] Schulze W. S., Lubatkin M. H., Dino R. N. Exploring the agency consequences of ownership dispersion among the directors of private family firms [J]. Academy of Management Journal. 2003, 46(2): 179 – 194.

[2] Lambrecht J., Lievens J. Pruning the family tree: An unexplored path to family business continuity and family harmony [J]. Family Business Review. 2008, 21(4): 295 – 313.

[3] Zellweger T. M., Astrachan J. H. On the emotional value of owning a firm [J]. Family Business Review. 2008, 21(4): 347 – 363.

[4] Salvato C., Corbetta G. Transitional leadership of advisors as a facilitator of successors' leadership construction [J]. Family Business Review. 2013, 26(3): 235 – 255.

[5] Lee J., Tan F. Growth of Chinese family enterprises in Singapore [J]. Family Business Review. 2001, 14(1): 49 – 74.

[6] Andersson T., Carlsen J., Getz D. Family business goals in the tourism and hospitality sector: Case studies and cross – case analysis from Australia, Canada, and Sweden [J]. Family Business Review. 2002, 15(2): 89 – 106.

甚至在必要的时候,可以对"家族树"做出修减,以现金置换股权,留下核心家族成员,重新建立紧密的家族关系,树立核心家庭的家长权威。

2.2.5 姻亲亲子关系

在姻亲子女(女婿和儿媳)进入家族企业的问题上,学者们的研究结果存在争议。一方面,将姻亲子女引入家族企业,可以同时将姻亲子女拥有的资金、社会资本和政治联系纳入家族企业的资源范畴,增强家族企业的竞争优势。而且,当企业主没有男性继承人时,可能会选择让女婿继承家族企业的部分所有权和管理权,以保证家族对企业的控制权[①]。当企业主的儿子和女儿都在家族企业中工作,在选择了男性继承人后,出于维护女儿利益的考虑,可能会进一步引入女婿来平衡子女之间的利益分配。

另一方面,Perricone等人(2001)认为,姻亲子女不应该进入家族企业工作。姻亲子女与原始家庭成员的关系建立在婚姻而非血缘关系的基础上,他们进入家族企业工作的目标和动机可能与血亲家族成员并不相同。而且,如果姻亲子女与血亲子女的婚姻关系遇到问题,而他们又已经在企业内部获得了部分所有权和管理权,将不可避免地波及到家族企业,甚至以企业的利益为要挟,危及家族企业的生存和发展[②]。

虽然女婿和儿媳同属姻亲子女,然而,在全世界很多国家和地区的文化,尤其是东方文化中,女婿和儿媳由于性别差异而被寄予了不同的期望。在东方文化中,男性是家族"延续香火"的关键,女性出嫁后则会从属于丈夫的家族,被排除在原始家庭之外。当一个家族产生了延续家业的需要,又没有男性继承人时,就可以调整亲缘关系,用入赘和改姓的方式让女婿获得儿子的身份和继承家业的资格。而对于儿媳来说,由于女性在传统文化习俗中被赋予了"生儿育女""相夫教子"的社会分工,无法与

---

① Gupta V., Levenburg N. A thematic analysis of cultural variations in family businesses: The CASE project [J]. Family Business Review. 2010, 23(2): 155 – 169.

② Perricone P. J., Earle J. R., Taplin I. M. Patterns of succession and continuity in family – owned businesses: Study of an ethnic community [J]. Family Business Review. 2001, 14(2): 105 – 121.

男性平等地参与职场竞争,所以很多家族企业都把儿媳排除在决策团队之外①,希望她们不要过多干涉企业的经营和管理工作②。

2.2.6 姻亲兄弟姐妹关系

姻亲兄弟姐妹主要包括兄弟姐妹的配偶、配偶的兄弟姐妹和配偶的兄弟姐妹的配偶,Santiago(2011)等学者在家族企业研究中,使用"sibling-in-law"这个词语将这三种姻亲兄弟姐妹关系归为了同一类③,并不做出严格的区分。关于姻亲兄弟姐妹进入家族企业究竟会带来积极还是消极的影响,目前的研究尚未给出一致的结论。

一方面,姻亲兄弟姐妹和姻亲子女一样,都能够为家族企业带来发展所需要的资源、社会资本或政治联系。而且,姻亲兄弟姐妹和企业主之间的联系是基于血亲和姻亲关系,和外人相比能够建立起更强的信任机制,他们是家族企业可以放心利用的人力资源。富有沟通技巧和经验的姻亲兄弟姐妹的加入有时还能够安抚兄弟姐妹之间的紧张和不满情绪,帮助家族成员和家族企业维持稳定的局面。

另一方面,Donnelley(1988)指出,当姻亲兄弟姐妹本身并不具备胜任职位的能力,而又依靠裙带关系占据了家族企业的关键位置时,将导致企业经营和管理的效率低下,非家族成员感知到不公平、不公正④。而且当姻亲兄弟姐妹对企业的贡献不足或者没有完成企业目标时,企业主难以下决心将他们调离职位,阻碍了非家族成员的晋升通道,激化了家族和非家族成员之间的矛盾。而且,当第一位姻亲兄弟姐妹进入家族企业时,其他人就默认家族企业可以接受所有姻亲兄弟姐妹,助长了家族企业内部的裙带风气,损害了家族企业的利益。Swagger(1991)的研究结果表明,当

---

① Gillis-Donovan J., Moynihan-Bradt C. The power of invisible women in the family business [J]. Family Business Review. 1990, 3(2): 153-167.

② Santiago A. L. The family in family business case of the in-laws in Philippine businesses [J]. Family Business Review. 2011, 24(4): 343-361.

③ Santiago A. L. The family in family business case of the in-laws in Philippine businesses [J]. Family Business Review. 2011, 24(4): 343-361.

④ Donnelley R. G. The family business [J]. Family Business Review. 1988, 1(4): 427-445.

兄弟姐妹之间涉及利益争夺，不满和矛盾激化时，常常会通过引入各自的配偶来争夺话语权①，这很可能进一步激化家族成员之间的矛盾。

2.3 社会情感财富视角下的家族企业管理

在社会情感财富理论被提出之前，在家族企业领域内并不存在专门用来解释家族企业现象的理论，以往研究通常借用其他领域内的理论框架去解读家族企业现象，例如Trivers（1971）借助了利他主义理论②；Eisenhardt（1989）和Jensen（1986）借助了代理理论③④；Donaldson和Davis（1991）、Davis等人（1997）使用了管家理论⑤⑥；Donaldson和Preston（1995）使用了利益相关者理论⑦。虽然这些理论能够在一定程度上解释家族企业的某些行为，但是往往无法解释特定的现象和问题，并且不同理论之间存在矛盾的地方。为了解决家族企业领域内缺乏系统性、专门性理论的问题，Gomez-Mejia等人（2007）提出了社会情感财富理论的解释框架⑧，对家族企业经营与管理、代际传承、风险承担和战略选择等方面进

---

① Swagger G. Assessing the successor generation in family businesses [J]. Family Business Review. 1991, 4(4): 397-411.

② Trivers R. L. The evolution of reciprocal altruism [J]. The Quarterly Review of Biology. 1971, 46(1): 35-57.

③ Eisenhardt K. M. Agency theory: An assessment and review [J]. Academy of Management Review. 1989, 14(1): 57-74.

④ Jensen M. C. Agency costs of free cash flow, corporate finance, and takeovers [J]. The American Economic Review. 1986, 76(2): 323-329.

⑤ Donaldson L., Davis J. H. Stewardship theory or agency theory: CEO governance and shareholder returns [J]. Australian Journal of Management. 1991, 16(1): 49-64.

⑥ Davis J. H., Schoorman F. D., Donaldson L. Toward a stewardship theory of management [J]. Academy of Management Review. 1997, 22(1): 20-47.

⑦ Donaldson T., Preston L. E. The stakeholder theory of the corporation: Concepts, evidence, and implications [J]. Academy of Management Review. 1995, 20(1): 65-91.

⑧ Gómez-Mejía L. R., Haynes K. T., Núñez-Nickel M. et al. Socioemotional wealth and business risks in family-controlled firms: Evidence from Spanish olive oil mills [J]. Administrative Science Quarterly. 2007, 52(1): 106-137.

行了探究①。

2.3.1 社会情感财富的概念与类型

社会情感财富理论是在行为代理模型（BAM）的基础上发展而来的，关注家族企业的非经济目标，Gomez-Mejia等人（2007）认为，"社会情感财富"就是家族成员在对家族企业经营管理的过程中，所获得的满足家族情感的非经济财富②。Cennamo等人（2012）认为，在行为代理模型中，企业的战略归根到底还是由人来制定，依赖于关键决策者的决策目标③。而在社会情感财富理论中，家族企业中决策者的目标通常都是保存企业积累起来的社会情感财富。

社会情感财富是一个多维的概念，对于社会情感财富究竟包含哪些内涵，有很多学者进行了探究，比较有代表性的类别来自Gomez-Mejia等人（2007）、Zellweger和Nason（2008）、Berrone等人（2012）的研究④⑤⑥。他们对社会情感财富的维度分类见表2-2。

结合表2-2和现有文献，可以看到，Gomez-Mejia等人（2011）最初对社会情感财富内涵的探索主要基于家族情感、文化价值观和利他主义

---

① 窦军生，张玲丽，王宁．社会情感财富框架的理论溯源与应用前沿追踪——基于家族企业研究视角[J]．外国经济与管理．2014(12)：64-80．

② Gómez-Mejía L. R., Haynes K. T., Núñez-Nickel M. et al. Socioemotional wealth and business risks in family-controlled firms: Evidence from Spanish olive oil mills [J]. Administrative Science Quarterly. 2007, 52(1): 106-137.

③ Cennamo C., Berrone P., Cruz C. et al. Socioemotional Wealth and Proactive Stakeholder Engagement: Why Family-Controlled Firms Care More About Their Stakeholders [J]. Entrepreneurship Theory and Practice. 2012, 36(6): 1153-1173.

④ Gómez-Mejía L. R., Haynes K. T., Núñez-Nickel M. et al. Socioemotional wealth and business risks in family-controlled firms: Evidence from Spanish olive oil mills [J]. Administrative Science Quarterly. 2007, 52(1): 106-137.

⑤ Zellweger T., Nason R. A Stakeholder Perspective on Family Firm Performance [J]. Family Business Review. 2008, 21(3): 203-216.

⑥ Berrone P., Cruz C., Gomez-Mejia L. R. Socioemotional wealth in family firms: Theoretical dimensions, assessment approaches, and agenda for future research [J]. Family Business Review. 2012, 25(3): 258-279.

这三种社会情感财富的来源①②。而后其他学者从各方面进行了补充，例如Sharma 和 Manikutty（2005）认为还包括建立和保护家族企业的声誉和形象③，Zellweger 和 Astrachan（2008）则认为应加上家族企业的社会资本④。随后 Berrone 等人（2012）提出了一个较为系统的框架，他们认为社会情感财富应该包含表2-2中列出的五个方面⑤。

表2-2 社会情感财富的维度分类

代表学者	社会情感财富维度
Gomez – Mejia et al., 2007；Zellweger & Nason, 2008	家族成员对企业的控制权和影响力
	家族价值观的实现和延续
	家族基业长青的愿望
	家族成员的归属感和亲密感
	家族成员的利他主义行为
	家族成员之间的责任履行
	家族成员的社会地位保持
	家族成员和企业的社会资本维持
Berrone et al., 2012	家族的控制和影响
	家族成员对家族企业的传承意愿
	家族成员及家族企业形成的社会关系
	家族成员对家族企业的认同
	家族成员对家族企业的情感依赖

资料来源：作者根据资料整理。

综合来看，社会情感财富应该至少包括：第一，家族成员对企业的控

---

① Gomez – Mejia L. R., Cruz C., Berrone P. et al. The bind that ties: Socioemotional wealth preservation in family firms [J]. The academy of management annals. 2011, 5(1): 653 – 707.

② 朱沆，叶琴雪，李新春. 社会情感财富理论及其在家族企业研究中的突破. 外国经济与管理 [J]. 2012(12):56 – 62.

③ Sharma P., Manikutty S. Strategic divestments in family firms: Role of family structure and community culture [J]. Entrepreneurship Theory and Practice. 2005, 29(3): 293 – 311.

④ Zellweger T. M., Astrachan J. H. On the emotional value of owning a firm [J]. Family Business Review. 2008, 21(4): 347 – 363.

⑤ Berrone P., Cruz C., Gomez – Mejia L. R. Socioemotional wealth in family firms: Theoretical dimensions, assessment approaches, and agenda for future research [J]. Family Business Review. 2012, 25(3): 258 – 279.

制和影响,以及纳入企业的经营与管理的家族价值观。实际控制人会通过指定董事会成员、监事会成员、高管人员,将家族成员和亲信人员安排在企业的核心位置,直接或间接地实现家族的价值观和理念。第二,家族企业的传承和延续。家族成员都把企业视作家族的私有产业,是可以传给子孙后代的长期投资。第三,家族成员对家族企业的认同感、归属感、亲密感、情感依赖和利他主义等情感。家族企业在某种程度上代表了家族成员的财富、地位和声望,社会对企业的看法和态度将影响到家族成员的名誉,家族成员与家族企业的命运息息相关,家族内部的亲密关系在企业内部会继续延展到非家族成员、合作伙伴或整个社区网络,利他主义会让家族成员不仅考虑自己的利益,还会考虑整个家族乃至非家族成员的得失。第四,家族成员及家族企业所形成的社会资本和社会关系网络。家族企业是家族的外部延伸,家族内部的亲密关系往往会拓展到企业的非家族员工、上下游产业链合作伙伴、社区网络等,这些使得家族成员和家族企业对社会资本的嵌入性越来越强①。

可以看到,Gomez – Mejia 等人(2011)对社会情感财富的分类是基于其来源②,但是却无法反映社会情感财富的丰富内涵和范围;而 Berrone 等人(2012)的划分虽然包含了更多内容,但是却把社会情感财富的来源维度与结果维度混淆在一起,而且不同维度之间并非完全没有交叉,导致了维度分类的混乱③。基于此,Miller 等人(2014)提出了一个较为简单的维度分类,认为社会情感财富包括约束型和延伸型两类④。约束型社会情感财富是短期的非经济利益带来的,会使得家族加强对企业的控制和影响,

---

① 朱沆,叶琴雪,李新春. 社会情感财富理论及其在家族企业研究中的突破[J]. 外国经济与管理. 2012(12):56 – 62.

② Gomez – Mejia L. R., Cruz C., Berrone P. et al. The bind that ties: Socioemotional wealth preservation in family firms [J]. The academy of management annals. 2011, 5(1): 653 – 707.

③ Berrone P. Cruz C., Gomez – Mejia L. R. Socioemotional wealth in family firms: Theoretical dimensions, assessment approaches, and agenda for future research [J]. Family Business Review. 2012, 25 (3): 258 – 279.

④ Miller D., Le Breton – Miller I. Deconstructing Socioemotional Wealth [J]. Entrepreneurship Theory and Practice. 2014, 38(4): 713 – 720.

为了增强家族控制权而采取保守战略和行为;延伸型社会情感财富是长期的非经济利益带来的,从长远时期着眼,强调维护家族和企业的形象,促进企业健康发展,使企业与利益相关者共同受益。过于重视短期的约束型社会情感财富最终会损害长期的延伸型社会情感财富①。可以看出,该分类虽然简单,但却较为明确和具有指导意义。

2.3.2 家族企业与社会情感财富

社会情感财富理论可以解释家族企业的很多行为,以及家族企业的一些看似矛盾的现象,可以从家族涉入、代际传承、战略选择与股权集中度这几个方面去主要考察社会情感财富理论的解释力度。

1. 家族涉入

家族成员对家族企业的涉入包括所有权和管理权两个方面。家族涉入与社会情感财富是相辅相成的两个因素。一方面,Schulze 等人(2003)认为,家族成员在家族企业中的股权比重越高,进入家族企业工作的人数越多,他们对家族企业的认同度和依赖度就越高②。另一方面,Jones 等人(2008)、Anderson 和 Reeb(2003)认为,当家族成员从家族企业中获得的情感财富越高时,他们就会继续加强对家族企业的控制权,安排更多能够代表家族的董事会成员、监事会成员、高管人员来主导家族企业的战略选择,做出有利于家族利益的行为③④。如此循环往复,家族对企业的涉入和社会情感财富会越来越高。

在约束型社会情感财富中,家族控制权是关注重点。Schulze 等人

---

① 朱沆,Eric Kushins,周影辉. 社会情感财富抑制了中国家族企业的创新投入吗? [J]. 管理世界. 2016(3):99–114.

② Schulze W. S., Lubatkin M. H., Dino R. N. Toward a theory of agency and altruism in family firms [J]. Journal of Business Venturing. 2003, 18(4):473–490.

③ Jones C. D., Makri M., Gomez-Mejia L. R. Affiliate directors and perceived risk bearing in publicly traded, family-controlled firms: The case of diversification [J]. Entrepreneurship Theory and Practice. 2008, 32(6):1007–1026.

④ Anderson R. C., Reeb D. M. Founding–family ownership, corporate diversification, and firm leverage [J]. The Journal of Law and Economics. 2003, 46(2):653–684.

(2003)认为,企业实际控制者甚至会挪用企业的资源以增强家族的控制权,例如让不具备职位胜任能力的家族成员占据重要岗位,为家族成员的就业提供无底线的保障,为家族成员提供不与绩效挂钩的薪酬水平,或者对于家族成员和非家族成员给予不平等的对待等[①]。

2. 代际传承

Miller等人(2014)认为,在延伸型社会情感财富中,代际传承是核心方面,因此,延伸型社会情感财富更加偏重于对家族企业长期目标的实现[②]。Miller和Le-Breton Miller(2005)曾经指出,家族企业的战略长期导向的根源来自家族跨代延续价值观、声誉和社会理想的特性[③]。这些都引导家族企业关注长期的生存和发展问题,与企业内外部的各种利益相关者保持和谐关系。

现有研究表明,虽然企业内部存在挑选胜任员工的晋升通道,企业外部存在职业经理人市场,但是家族企业还是偏好从家族内部选择家族成员作为企业继任者,即使这种做法无法获得利益相关者和市场的认可。Zellweger等人(2012)认为,家族企业雇佣家族成员是获取社会情感财富的主要途径之一,雇佣非家族成员继任者会破坏家族的家产继承感、家族社群感和家族控制权[④]。同时,在家族企业继承和交接权力时,实际控制人尤其重视继任者与利益相关者之间的关系,朱沆等人(2016)认为这是保证家族价值观、家族核心商业机密、家族社会资本等异质性无形资产在代

---

① Schulze W. S., Lubatkin M. H., Dino R. N. Toward a theory of agency and altruism in family firms [J]. Journal of Business Venturing. 2003, 18(4): 473–490.

② Miller D., Le Breton – Miller I. Deconstructing Socioemotional Wealth [J]. Entrepreneurship Theory and Practice. 2014, 38(4): 713–720.

③ Miller D., Le Breton – Miller I. Managing for the Long Run[M]. Boston: Harvard Business School Press. 2005.

④ Zellweger T. M., Kellermanns F. W., Chrisman J. J. et al. Family control and family firm valuation by family CEOs: The importance of intentions for transgenerational control [J]. Organization Science. 2012, 23(3): 851–868.

际之间顺利传递的重要措施①。

3. 战略选择

虽然 Cyert 和 March（1963）很早就指出，所有企业的行为中既包含对经济目标的追求，也包含对非经济目标的实现②。但是，Carney（2005）认为，与非家族企业相比，家族企业对非经济目标的重视程度更高，往往会为了追求以家族利益为核心的非经济目标而牺牲经济利益③。Chrisman 等人（2012）认为，虽然家族成员通过所有权和管理权获得了对家族企业的控制权和影响力，有权力决定企业的重大战略决策方向④，但是因为家族对非经济目标的追求有时与其利益相关者对经济目标的追求存在矛盾之处，企业的战略方向往往是两股力量和不同目标之间的博弈和妥协⑤⑥。

Gomez‐Mejia 等人（2011）认为，家族企业的非经济目标可以归结为家族成员对社会情感财富的追求，社会情感财富是家族企业决策的重要依据和目标，家族企业会采取所有可能的行为去阻止社会情感财富的流失⑦。例如，家族成员会不惜一切增强家族对企业的控制权，一旦家族控制权被动摇，家族企业就有不再属于家族成员的风险，这是家族所不能够接受的。因此，为了增强家族控制权，家族企业往往倾向于独立经营（Gomez‐Mejia et al.，2007）、减少多元化战略（Jones et al.，2008）、减少裁员行为（Stavrou et

---

① 朱沆，叶琴雪，李新春. 社会情感财富理论及其在家族企业研究中的突破[J]. 外国经济与管理. 2012(12):56-62.

② Cyert R. M., March J. G. A behavioral theory of the firm[M]. 2nd ed. Englewood Clifyfs, Prentice Hall, NJ. 1963.

③ Carney M. Corporate governance and competitive advantage in family‐controlled firms[J]. Entrepreneurship Theory and Practice. 2005, 29(3): 249-265.

④ Chrisman J. J., Chua J. H. Pearson A. W., et al. Family involvement, family influence, and family‐centered non‐economic goals in small firms[J]. Entrepreneurship Theory and Practice. 2012, 36(2): 267-293.

⑤ Singer J., Donoho C. Strategic management planning for the successful family business[J]. Journal of Business and Entrepreneurship. 1992, 4(3): 39.

⑥ Mahto R. V., Davis P. S., Pearce I. I. et al. Satisfaction with firm performance in family businesses[J]. Entrepreneurship Theory and Practice. 2010, 34(5): 985-1001.

⑦ Gómez‐Mejía L. R., Cruz C., Berrone P. et al. The bind that ties: Socioemotional wealth preservation in family firms[J]. The Academy of Management Annals. 2011, 5(1): 653-707.

al.，2007)、发起更多慈善捐赠（Deniz & Suarez，2005)、减少创新投入（朱沆等，2016)、进行盈余管理等行为（Stockmans et al.，2010)[1][2][3][4][5][6]。

4. 股权集中度

社会情感财富是一个包含多维度的抽象概念，而且很多维度都涉及对家族成员群体心理态度的测量，容易受到社会赞许效应的影响[7]。因此，在研究中通常都不会直接去衡量社会情感财富各个维度的值，而是采用代理变量来衡量社会情感财富的大小，常用的指标有家族股权集中度、家族管理涉入度、家族跨代参与程度（Berrone et al.，2012)、企业可接受出让价格与市场价值之差（Zellweger et al.，2012）等[8][9]。其中，最常用的是用家族股权集中度来衡量社会情感财富，因为，一般来说，随着家族对企业持股比例的上升，家族成员对家族企业的战略决策影响越大，对企业的认同和依赖感越强。

那么，社会情感财富究竟在家族企业的经营管理中发挥着什么作用

---

[1] Gómez–Mejía L. R., Haynes K. T., Núñez–Nickel M. et al. Socioemotional wealth and business risks in family–controlled firms: Evidence from Spanish olive oil mills [J]. Administrative Science Quarterly. 2007, 52(1): 106–137.

[2] Jones C. D., Makri M., Gomez–Mejia L. R. Affiliate directors and perceived risk bearing in publicly traded, family–controlled firms: The case of diversification [J]. Entrepreneurship Theory and Practice. 2008, 32(6): 1007–1026.

[3] Stavrou E., Kassinis G., Filotheou A. Downsizing and stakeholder orientation among the Fortune 500: Does family ownership matter? [J]. Journal of Business Ethics. 2007, 72(2): 149–162.

[4] Déniz M. C. D., Suárez M. K. C. Corporate social responsibility and family business in Spain [J]. Journal of Business Ethics. 2005, 56(1): 27–41.

[5] 朱沆, Eric Kushins, 周影辉. 社会情感财富抑制了中国家族企业的创新投入吗？[J]. 管理世界, 2016(3): 99–114.

[6] Stockmans A., Lybaert T., Voordeckers W. Socioemotional wealth and earnings management in private family firms [J]. Family Business Review. 2010, 23(3): 280–294.

[7] 朱沆, 叶琴雪, 李新春. 社会情感财富理论及其在家族企业研究中的突破[J]. 外国经济与管理. 2012(12): 56–62.

[8] Berrone P., Cruz C., Gomez–Mejia L. R. Socioemotional wealth in family firms: Theoretical dimensions, assessment approaches, and agenda for future research [J]. Family Business Review. 2012, 25(3): 258–279.

[9] Zellweger T. M., Kellermanns F. W., Chrisman J. J., et al. Family control and family firm valuation by family CEOs: The importance of intentions for transgenerational control [J]. Organization Science. 2012, 23(3): 851–868.

呢？大多数研究将社会情感财富视为家族成员可以从家族企业中获得的一种非经济财富，是一种积极的激励效应。但是，Kellermanns等人（2012）指出，社会情感财富可能会让家族成员背负上沉重的心理负担，例如家族后代成员接受跨代传承的宿命、家族成员与家族企业共荣辱等[①]。国内学者中，窦军生等人（2014）也通过研究验证了社会情感财富确实存在"阴暗"的一面[②]。然而，即使社会情感财富具有"阴暗"面，家族成员和家族企业也不会放弃对社会情感财富的追求。惠男男和许永斌（2014）认为，放弃社会情感财富，就意味着失去家族特色、家族影响力、家族社会地位和社会资本、家族心理依恋依托等多方面的无形财富[③]。

2.4 代理理论视角下的家族企业与控制权

2.4.1 控制权的界定和类型

控制权一直是企业治理领域内的热门议题。在对控制权在企业内部发挥的作用进行讨论之前，必须明确控制权的含义，以及经常与控制权一起出现的所有权、管理权、控股权、现金流权、剩余控制权和终极控制权的内涵。国内外很多学者都对控制权的内涵进行了探究，对控制权的代表性定义见表2-3所示：

表2-3 控制权的代表性定义

定义	学者
通过法定权力，影响董事会成员的选择	Berle & Means（1932）
选择董事会成员，指导企业的管理模式	Blumberg（1983）
信号出现时，选择如何行动的权威	张维迎（1995）

---

① Kellermanns F. W., Eddleston K. A., Zellweger T. M. Extending the socioemotional wealth perspective: A look at the dark side [J]. Entrepreneurship Theory and Practice. 2012, 36(6): 1175-1182.
② 窦军生,张玲丽,王宁. 社会情感财富框架的理论溯源与应用前沿追踪——基于家族企业研究视角[J]. 外国经济与管理. 2014(12):64-80.
③ 惠男男,许永斌. 代际传承与控制家族股权稀释:社会情感财富理论视角. 现代财经——天津财经大学学报[J]. 2014(11):71-81.

续表

定义	学者
排他性地利用企业稀缺人力、财力资源的系列权力	Demsetz（1997）
排他性地利用企业资产进行投资和经营的决策权力	周其仁（1997）
最大股东对企业决策进行控制的能力	La Porta et al.（1999）
影响企业行动过程的权力	Tirole（2001）
对企业的重要事项和活动的决策权力	刘少波（2007）

资料来源：作者根据资料整理。

从上述对控制权的定义可以看出，控制权实际上就是对企业内部一系列事务和活动的决策权力，包括选择董事会成员、任命 CEO 和高管团队、构建家族企业的管理模式、制定家族企业的经营决策、左右企业的行为和活动。张小茜和汪炜（2008）认为，实际上，真正决定企业重要事项的决策是由股东大会产生的，因此，股东对股东大会投票结果的控制能力是控制权的集中体现①。

为了使控制权的定义更加明确，此处有必要对与控制权相似的几个概念进行区分。企业所有权（Ownership）是以股权为基础形成的，是企业剩余收益索取权和控制权的加总②，所有权是产生控制权的基础，但并非控制权的唯一来源③。管理权是指对企业内部事务进行管理的权力，大部分管理权都掌握在股东大会、董事会和管理层手中。控股权是股东控制的股权数量，控股权一般小于控制权，例如，某个股东只要拥有了企业 51% 的控股权，就可以拥有该企业 100% 的控制权④。现金流权是指控制性家族实现最终控制需要的现金流量⑤。剩余控制权是指在契约中

---

① 张小茜,汪炜. 持股结构、决议机制与上市公司控制权[J]. 经济研究. 2008(11):40-50.

② Blair M. Ownership and Control: Rethinking Corporate Governance for the Twenty - First Century [M], Washington: BrookingsInstitution. 1999.

③ 赵昌文,庄道军. 中国上市公司的有效控制权及实证研究[J]. 管理世界. 2004(11): 126-135.

④ 刘少波. 控制权收益悖论与超控制权收益——对大股东侵害小股东利益的一个新的理论解释[J]. 经济研究. 2007(2):85-96.

⑤ Porta R. L., Lopez - de - Silanes F., Shleifer A., et al. Law and finance [J]. Journal of Political Economy. 1998, 106(6): 1113-1155.

并未明确定义的权力,是企业的重要决策权①。终极控制权是指在金字塔股权结构中,最终控制者通过股权链条上的直接和间接持股所拥有的实际控制权力②。

关于控制权的类型,不同学者从不同角度进行了划分。Berle 和 Means (1932) 等学者根据股东的持股比例,可以将其划为五种主要的类型：完全控制（股权接近100%）、绝对控制（股权超过50%）、合法控制（构造金字塔股权结构、配置无投票权股票、进行投票权授信）、相对控制（股权在20%~50%）、管理层控制（股东股权均低于5%）③。Hart 和 Moore (1990)、黄群慧 (2000) 等学者根据企业的控制权是否明文规定,又可以将控制权划为特定控制权和剩余控制权。特定控制权已通过契约进行明确规定,剩余控制权则没有在契约中说明使用方法,包括特定控制权以外对权力的任何特殊用途④⑤,例如 CEO 的任免、对重大投资和并购项目的决策、对企业战略发展的规划等⑥,往往掌握在董事会和高管层手中。Tirole (2001) 等学者根据控制权的来源,还将企业控制权划为正式控制权与实际控制权。正式控制权是股东被法律赋予的权力,实际控制权则是股东委托给代理人进行管理的权力⑦。

2.4.2 控制权的配置

李斌和孙月静 (2011) 的研究表明,由于控制权不仅能够决定企业内

---

① 杨瑞龙,周业安. 一个关于企业所有权安排的规范性分析框架及其理论含义[J]. 经济研究. 1997(1):12-22.

② 叶勇,刘波,黄雷. 终极控制权、现金流量权与企业价值——基于隐性终极控制论的中国上市公司治理实证研究[J]. 管理科学学报. 2007(2):66-79.

③ Berle A., Means G. The Modern Corporation and Private Property[M]. Chicago: Commerce ClearingHouse. 1932.

④ Hart O., Moore J. Default and Renegotiation: A Dynaimic Model of Debt [J]. Quarterly Journal of Economics. 1998(113):1-41.

⑤ 黄群慧. 控制权作为企业家的激励约束因素：理论分析及现实解释意义[J]. 经济研究. 2000(1):41-47.

⑥ 钱颖一. 企业理论,载汤敏、茅于轼主编. 现代经济学前沿专题(第一集)[M]. 北京：商务印书馆. 1989.

⑦ Tirole J. Corporate Governance[J]. Econometrica. 2001(69):1-35.

部的重大事务，还具有排他性，因此成为了各方人员争夺的焦点，控制权在企业内的配置方式是极其重要的一个议题①。一般而言，控制权掌握在企业所有者手中，由企业所有者决定将控制权配置给哪些人。

徐宁和徐向艺（2012）认为，在企业内部，授予高管人员控制权除了是委托代理的普遍模式，还视为一种隐形的鼓励机制②。Harris 和 Raviv（1988）指出，企业的收益包括控制权收益和货币资金收益，货币资金收益可以被转化为薪酬激励、股权激励等容易量化的显性收益③。而控制权收益则是通过行使控制权而占有的全部价值，其价值有时甚至远远超过显性的货币资金收益。

企业往往通过正式的契约和其他方式将控制权配置给代理人，通常为企业的董事会成员和高管人员，具体的权力范围包括在职消费（包括办公、差旅、通信、会议、出国培训费等八项费用）、生产和经营决策、任免员工等④。周其仁（1997）指出，由于控制权具有排他性和稀缺性，所以被配置控制权的人员通常都会获得特殊权力带来的成就和被给予肯定的鼓励⑤。

对于应该配置多少控制权，则应该与被授予控制权的高管对企业所做出的贡献相匹配。如果授予的控制权少于贡献程度，则高管会进入一种"激励不足"的状态，在工作上产生消极情绪，影响其继续对企业做贡献的积极性。如果授予的控制权多于贡献程度，则高管更有能力去采取控制权寻租行为，寻找机会主义手段以将控制权兑现为私利，而不是致力于提

---

① 李斌，孙月静. 中国上市公司控制权特征及其对公司绩效的影响——基于改进的投票概率模型[J]. 中国软科学. 2011(1):124-134.

② 徐宁，徐向艺. 控制权激励双重性与技术创新动态能力——基于高科技上市公司面板数据的实证分析[J]. 中国工业经济. 2012(10):109-121.

③ Harris M., RavivA. Corporate Governance: Voting Rights and Majority Rules [J]. Journal of FinancialEconomics,1988(20):203-235.

④ 陈冬华，梁上坤，蒋德权. 不同市场化进程下高管激励契约的成本与选择：货币薪酬与在职消费[J]. 会计研究,2010(11):56-64.

⑤ 周其仁. "控制权回报"和"企业家控制企业"——公有制经济中企业家人力资本产权的案例研究[J]. 经济研究. 1997(5):31-42.

高企业的经营绩效,这将严重降低企业的绩效表现和市场价值①。因此,上述问题要求企业内部控制权配置的动态平衡。

2.4.3 家族企业的控制权表现

苏启林等人(2003)认为,一般而言,家族企业增强控制权主要通过三种方式:第一,发行多种类型的股票,通常包括投票权被放大或缩小的两种股票,以形成股权杠杆效应,用较少的资金和股权控制较大的决策权;第二,进行交叉持股,通过互相持有关联企业的股票,使得实际控制权超过原本的股权比重;第三,构建金字塔股权结构,控制性家族通过控制一级一级的企业,顺着控制链自下而上层层获取累积的超额控制权②。控制权问题在中国的家族企业中具有不同于非家族企业的特点,主要体现在家族权威和家族对企业所有权和管理权的涉入上。

1. 家族权威

储小平(2004)提出,家族企业是关系契约和要素契约的一种结合体③,它们不仅依靠法律合同签订正式契约,还凭借具有差序格局的家长权威、尊卑系统来完成企业的资源配置和人际关系协调(例如,Redding,1990;李新春,2001)[④][⑤]。在我国的家族企业中,家族权威尤其是创始人权威表现得更为明显。因为中国文化更加崇尚权威⑥,儒家文化的核心是家文化,家庭涉入家族企业的程度较深,也相应地烙印上了浓厚的家长制和家族权威氛围⑦。

家族权威包括创始人权威和家族整体权威。徐细雄和刘星(2012)的

---

① 徐宁,徐向艺. 控制权激励双重性与技术创新动态能力——基于高科技上市公司面板数据的实证分析[J]. 中国工业经济. 2012(10):109 – 121.
② 苏启林,万俊毅,欧晓明. 家族控制权与家族企业治理的国际比较[J]. 外国经济与管理. 2003(5):2 – 8.
③ 储小平. 家族企业的成长与社会资本的融合[M]. 北京:经济科学出版社,2004.
④ Redding S. G. The Spirit of Chinese Capitalism[M]. NewYork:Walter de Gruyter. 1990.
⑤ 李新春. 单位化企业的经济性质[J]. 经济研究. 2001(7):35 – 43.
⑥ 朱国泓,杜兴强. 控制权的来源与本质:拓展、融合及深化[J]. 会计研究. 2010(5):54 – 61.
⑦ Redding S. G. The Spirit of Chinese Capitalism[M]. NewYork:Walter de Gruyter. 1990.

研究表明，由于家族企业创始人在创业时经历非常丰富，积累了相当多的社会资本，靠打拼获得了较高的社会地位，丰富的阅历积淀成独特的人格魅力，他们的创业故事颇具传奇色彩[1]，他们的经验使得其有能力为家族企业选择未来的重要战略方向，塑造企业追求的愿景和使命，灌输企业的价值理念，营造企业的文化氛围，包括家族成员在内的企业员工都不自觉地被其精神力量感染，对创始人的命令服从程度甚至超越了正式契约规定的范围。高闯和郭斌（2012）发现，若企业员工不听从创始人的命令，则可能会遭受到家族伦理惩罚、社会资源封锁等处罚[2]。

家族权威体现在，控制性家族不仅具有法律赋予的控制权权力，还因为将血缘、姻缘、业缘、友缘和地缘等具有差序格局的社会网络嵌入家族企业[3]，使得家族企业也具备了一定程度的家族伦理关系，即上一层级命令下一层级，下一层级服从上一层级的体系。巴纳德（1938）发现，这使得家族成员和企业员工在接受上一层级权威的命令时往往不假思索[4]。

对于依靠家族权威治理家族企业，会引发积极效应还是消极效应，不同研究有不同的观点。一方面，Holland 和 Boulton（1984）、Johannisson 和 Huse（2000）的研究认为家族权威有助于提高企业经营管理的效率[5][6]。Karra 等人（2006）发现，家族企业内部的控制关系很大一部分是基于血亲和姻亲，家族成员之间往往价值观相似、目标冲突较小[7]，能够减少企

---

[1] 徐细雄，刘星. 创始人权威、控制权配置与家族企业治理转型——基于国美电器"控制权之争"的案例研究[J]. 中国工业经济. 2012(2): 139-148.

[2] 高闯，郭斌. 创始股东控制权威与经理人职业操守——基于社会资本的"国美电器控制权争夺"研究[J]. 中国工业经济. 2012(7): 122-133.

[3] 费孝通. 乡土中国[M]. 上海：上海世纪出版集团, 2010.

[4] 巴纳德. 经理人员的职能[M]. 北京：中国社会科学出版社. 1997.

[5] Holland P. G., Boulton W. R. Balancing the "family" and the "business" in family business [J]. Business Horizons. 1984, 27(2): 16-21.

[6] Johannisson B., Huse M. Recruiting outside board members in the small family business: An ideological challenge [J]. Entrepreneurship & Regional Development. 2000, 12(4): 353-378.

[7] Karra N., Tracey P., Phillips N. Altruism and agency in the family firm: Exploring the role of family, kinship, and ethnicity [J]. Entrepreneurship Theory and Practice. 2006, 30(6): 861-877.

业内部的不确定性，增强企业的执行能力，减少内部人际关系的消耗，能够有效地减少代理成本。王明琳和周生春（2006）、连燕玲等人（2012）认为，即使家族内部存在冲突，也可以由权威人物出面，通过家族会议和内部协调解决[1][2]。很多非家族成员也愿意相信权威人物承担风险、履行承诺的能力，甘心服从于企业的控制权威。尤其是在制度规则不完善或市场环境变幻的转型时期，徐细雄和刘星（2012）认为，家族权威对于企业治理具有很大作用[3]。

另一方面，Jain 和 Kini（2000）的研究表明，家族权威可能会过于强化家族在企业中的作用，导致具有专门技术的专业化人才、具有网络资源和管理经验的管理人才进入家族企业的机会受到限制[4]。云冠平和陈乔之（2000）认为，如果权威人物为了树立自身在企业中的形象，不愿让下属表现出比其更高明的才能，希望下属俯首听命、抑制自己的思想，就会打击员工的主观能动性[5]。Anderson 和 Reeb（2003）提出，家族权威还会令其他人对家族成员偷懒和搭便车的行为敢怒不敢言[6]。同时，Kaplan 和 Stromberg（2000）发现，若家族企业为了维护家族权威，抵制外部投资人进入企业，就会导致股权结构失衡，社会股东无法完全制衡家族股东，容易导致代理问题的产生[7]。尤其对于企业年龄较长的家族企业，Morck 等人

---

[1] 王明琳,周生春.控制性家族类型、双重三层委托代理问题与企业价值[J].管理世界,2006(8):83-93.

[2] 连燕玲,张远飞,贺小刚,梅琳.亲缘关系与家族控制权的配置机制及效率——基于制度环境的解释[J].财经研究.2012(4):91-101.

[3] 徐细雄,刘星.创始人权威、控制权配置与家族企业治理转型——基于国美电器"控制权之争"的案例研究[J].中国工业经济.2012(2):139-148.

[4] Jain B. A., Kini O. Does the presence of venture capitalists improve the survival profile of IPO firms? [J]. Journal of Business Finance & Accounting. 2000, 27(9-10): 1139-1183.

[5] 云冠平,陈乔之.东南亚华人企业经营管理研究[M].北京:经济管理出版社.2000.

[6] Anderson R. C., Reeb D. M. Founding-family ownership and firm performance: evidence from the S&P 500 [J]. The Journal of Finance. 2003, 58(3): 1301-1328.

[7] Kaplan S. N., Strömberg P. Financial contracting theory meets the real world: An empirical analysis of venture capital contracts [J]. The Review of Economic Studies. 2003, 70(2): 281-315.

(1988) 的研究结果表明,一直沿用家族权威进行治理会不利于企业的发展[①]。

2. 家族所有权涉入

中国长期以来奉行儒家思想,已经深深地烙印在传统文化和习俗上,即使在当代,人们的思想和行为中也常常体现出儒家思想的指导。苏启林和钟乃雄(2005)指出,儒家文化的核心是家文化,其倡导的世界秩序是以家为根本的道德观,而不是以理性和法律为核心的观念。在这样的文化价值观中,家人和外人有着天壤之别[②],这也影响到了中国家族企业的股权结构。例如,在 Claessens 等人(2000)的研究中,在东南亚、韩国和港台地区的 1740 家上市家族企业中,家族控股的加权平均比重为 45%,其中香港地区达到了最高的 71.5%[③]。同时,家族企业还常常通过金字塔股权结构来累加控制权,用较少的一部分资金就能够控制整个家族企业集团。

同时,家族倾向于将家族企业视为家族资产,不愿意与外人共享这份家产,而是希望财富逐步集中在少数家族手中。家族企业通常将控制权交给主要的家族成员,如配偶、子女、兄弟姐妹、儿媳、女婿、堂/表兄弟姐妹、姻亲兄弟姐妹等,家族成员与实际控制人的关系越亲密,其获得的企业控制权通常越高。苏启林和钟乃雄(2005)发现,在家族企业的继承上,实际控制人往往会选择家族内继承的方案,极少有将家产传给外人的情况出现[④]。

3. 家族管理权涉入

李新春(2003)和连燕玲等人(2012)发现,由于中国的职业经理人

[①] Morck R., Shleifer A., Vishny R. W. Management ownership and market valuation: An empirical analysis [J]. Journal of Financial Economics. 1988, 20: 293–315.

[②] 苏启林,钟乃雄. 民营上市公司控制权形成及其影响研究[J]. 管理世界. 2005(5):131–137.

[③] Claessens S., Djankov S., Lang L. H. P. The separation of ownership and control in East Asian corporations [J]. Journal of financial Economics. 2000, 58(1): 81–112.

[④] 苏启林,钟乃雄. 民营上市公司控制权形成及其影响研究[J]. 管理世界. 2005(5):131–137.

市场并不完善，职业经理人信用调查往往没有到位，这使得家族企业不放心职业经理人的忠诚度，对他们缺乏信任，也不敢将控制权放手交给他们。在这种情况下，选择家族经理人就成为了必然[1][2]。应焕红（2002）的研究表明，家族企业在选择经理人时，比较愿意偏向与家族具有血缘、姻缘、友缘、业缘、地缘关系的熟人，这样的安排也能够增强家族控制权威[3]。所有者与管理者的角色融合将使得二者的利益趋同[4]。

对家族成员对企业管理权的涉入，学者们提出了正反两方面的观点。一方面，家族所有权和管理权的统一能够最大限度地降低委托人和代理人之间的信息不对称，使得二者之间实现利益和目标的统一，让企业内部的监督和激励行为更加有效，也让日常的经营和管理效率得到提高（例如，Filatotchev，2005；徐鹏和宁向东，2011）[5][6]。

另一方面，Anderson 和 Reeb（2003）指出，家族所有权和经营权的合一会导致家族成员"自我控制"的风险，即为了追求非经济的社会情感财富而损害企业的利益。同时，亲缘关系带来了裙带主义和负面的利他行为，这会在企业内部的人力资源管理中造成不公平，家族成员可以搭便车和偷懒，而非家族成员却没有得到与贡献相符的报酬和特权[7]。

2.4.4 家族控制权与代理问题

家族企业中存在着独特的、多层级的委托代理问题，主要包括大股东和中小股东、大股东和家族经理人、大股东和非家族经理人之间的代理问题。

---

[1] 李新春. 经理人市场失灵与家族企业治理[J]. 管理世界. 2003(4):87-95.

[2] 连燕玲,张远飞,贺小刚,梅琳. 亲缘关系与家族控制权的配置机制及效率——基于制度环境的解释[J]. 财经研究. 2012(4):91-101.

[3] 应焕红. 产权制度变迁与家族企业成长[J]. 毛泽东邓小平理论研究,2002(6):76-80.

[4] Davis J. H., Schoorman F. D., Donaldson L. Toward a stewardship theory of management [J]. Academy of Management Review. 1997, 22(1): 20-47.

[5] Filatotchev I., Lien Y. C., Piesse J. Corporate governance and performance in publicly listed, family-controlled firms: Evidence from Taiwan [J]. Asia Pacific Journal of Management. 2005,22(3): 257-283.

[6] 徐鹏,宁向东. 家族化管理会为家族企业创造价值吗？——以中小板家族上市公司为例[J]. 科学学与科学技术管理. 2011(11):144-151.

[7] Anderson R. C., Reeb D. M. Founding family ownerships and firm performance: Evidence from the S&P 500 [J]. Journal of Finance. 2003,58(3): 1301-1328.

1. 大股东和中小股东

家族控制性股东对家族企业的影响一直存在争议（例如，Bertrand & Shoar, 2006; Heugens et al., 2009; Liu, et al., 2011)[1][2][3]。家族控制究竟是减少还是增加了代理成本，学者抱有不同的观点。一方面是 Villalonga 和 Amit (2010) 等学者所持有的家族控制能够为企业带来竞争优势的观点[4]。家族企业通常被视为家族的一部分，是家族地位、财富、实力和声誉的体现，企业的延续也承载了家族的绵延不息。当面临短期利益与长期效益的抉择时，家族通常会做出长期的发展承诺，将企业的存续放在首位，避免风险程度较高的经营行为，最大化家族和社会股东的财富[5]。

然而，另一种观点认为，在中国的家族企业中，由于家族所有权与经营权的高度重合，所以企业面临的主要代理问题并非大股东和管理层之间的冲突，而是大股东和中小股东或社会股东之间的冲突[6]。Bebchuk (1999) 和 La Porta 等人 (1998) 发现，家族企业通常使用金字塔股权结构、交叉持股和发行两种股票的方式扩大控制权和现金流权的偏离度，这使得家族控股股东非常可能掠夺和侵占社会中小股东的利益[7][8]。当控制权大于现金流权时，家族用较少的现金获得了较多的股权，家族股东可以

---

[1] Bertrand M., Shoar A. The Role of Family in Family Firms [J]. Journal of Economic Perspectives. 2006, 20(2): 73-96.

[2] Heugens P. P. M. A. R., van Essen M., van Oosterhout J. Meta-analyzing Ownership Concentration and Firm Performance in Asia: Towards a More Fine-Grained Under standing [J]. Asia Pacific Journal of Management. 2009, 26(3): 481-512.

[3] Liu Q., Zheng, Y., Zhu, Y. The Evolution and Consequence of Chinese Pyramids [J]. Peking University Work ing Paper. 2011

[4] Villalonga B., Amit R. Family Control of Firms and Industries [J]. Financial Management. 2010, 39(3): 863-904.

[5] 陈德球,肖泽忠,董志勇. 家族控制权结构与银行信贷合约:寻租还是效率? [J]. 管理世界. 2013(9):130-143.

[6] 刘珍芝. 机构投资者、终极控制人与企业价值创造能力——来自我国高新技术上市公司的经验证据[J]. 财经问题研究. 2016(2):79-83.

[7] Bebchuk L. A. A rent-protection theory of corporate ownership and control[R]. National Bureau of Economic Research. 1999.

[8] Porta R L., Lopez-de-Silanes F., Shleifer A. et al. Law and finance [J]. Journal of political economy. 1998, 106(6): 1113-1155.

利用投票权左右企业的资源配置决策,将上市企业的利益转移到家族手中①。Lin 等人(2012)指出,家族股东有很强的动机和很隐蔽的机会去转移上市企业的利益,追求个人的控制权私利,而且他们不需要承担获得这些不合理利益的全部经济后果②。

同时,陈德球等人(2013)发现,为了使获取控制权私利的行为更加隐蔽和顺利,家族股东还会安排家族成员或与家族联系密切的人担任董事会成员和高层管理者,迫使家族企业从事关联交易和非效率投资。并且家族对企业的超额控制权越高,家族股东对社会股东的利益侵占动机越强,家族企业的行为对股东价值最大化目标的扭曲越大③。Shleifer 和 Vishney(1986)认为,当家族控制权较强时,如果其他社会股东能够制衡家族股东,那么家族成员追逐控制权私利的行为能够得到一定程度的抑制④。Gomes 和 Novaes(2005)提出,只要多个大股东之间互相牵制,就能够监督和约束控制性家族的侵占行为⑤。

2. 大股东和家族经理人

张维迎(2001)指出,虽然很多研究都认为,家族企业的长足发展需要逐步实现"去家族化"管理,淡化企业的家族色彩,但是由于缺乏完善的职业经理人市场,家族企业难以找到可以充分信赖的职业经理人来管理家族的巨额资产,只能选择家族成员担任经理人⑥。

对于家族经理人,Wu(2000)等学者的研究认为,家族经理人作为企业业主的亲属,很容易建立起一种互相信任的关系和忠诚感,家族成员

---

① 石水平. 控制权转移、超控制权与大股东利益侵占——来自上市公司高管变更的经验证据[J]. 金融研究. 2010(4):160 – 176.
② Lin C., Ma Y., Malatesta P., Xuan Y. Corporate Ownership Structure and Bank Loan Syndicate Structure [J]. Journal of Financial Economics. 2002,104(1):1 – 22.
③ 陈德球,肖泽忠,董志勇. 家族控制权结构与银行信贷合约:寻租还是效率?[J]. 管理世界. 2013(9):130 – 143.
④ Shleifer A., Vishny R. W. Large shareholders and corporate control [J]. Journal of Political Economy. 1986, 94(3, Part 1):461 – 488.
⑤ Gomes A. R., Novaes W. Sharing of control as a corporate governance mechanism [J]. 2005.
⑥ 张维迎. 家族企业的成长与职业经理人[J]. 中国工商. 2001(10):136 – 139.

的价值观相似、目标趋同,能够在一定程度上消除信息不对称的情况,降低企业的代理成本。而且家族成员之间普遍都有利他主义,有助于提升实际控制人和家族经理人之间的忠诚感,使家族成员对企业的发展做出长期承诺①。

然而,王明琳和周生春(2006)等学者的研究认为,利他主义在企业发展后期反而会成为障碍,甚至抵销掉所节省的代理成本②。利他主义容易导致家族成员产生自我控制问题,即当家族和企业的利益和目标逐渐不一致时,家族成员常常需要在家族和谐和企业效率之间做出抉择,利他主义会引导家族成员选择牺牲企业发展换取家族利益。同时,Chami(2001)指出,当利他主义在家族成员之间不对称时,代理问题可能会恶化③,家族经理人对企业的贡献无法被客观地评估,即使他们的管理效率较低,实际控制人可能也不愿意破坏家族和谐去扣减他们的薪水或直接解雇他们④。更重要的是,引入与家族控制性股东为一致行动人的家族经理人,会令家族对企业的控制权更强,这又会导致家族股东与社会股东的代理问题升级。

3. 大股东和非家族经理人

Shleife 和 Vishny(1986)的研究发现,股权集中使得企业存在大股东,大股东会为了保护自身的利益而监督非家族经理人员的决策,减少他们的机会主义行为⑤。与家族经理人相比,非家族经理人与家族委托人之间常常是信息不对称的,而且信任也是不等价的。储小平(2002)的研究结果表明,非家族经理人没有全面掌握企业信息时,他们对企业经营管理

---

① Wu Z. Altruism and the family firm: Some theory. Department of Economics. University of Calgary. 2001.

② 王明琳,周生春. 控制性家族类型、双重三层委托代理问题与企业价值[J]. 管理世界,2006(8):83 - 93.

③ Chami. What Difference about Family Business [J]. Working Paper. 2001.

④ Kole S. R. The complexity of compensation contracts [J]. Journal of Financial Economics. 1997, 43(1): 79 - 104.

⑤ Shleifer A., Vishny R. W. Large shareholders and corporate control [J]. Journal of Political Economy. 1986, 94(3, Part 1): 461 - 488.

的决策效果就会受到影响；当他们对企业的运营情况了解得非常清楚时，家族企业又担心他们自立门户，带走企业的技术、经验和客户，与家族企业成为竞争对手①。这使得非家族经理人的处境非常尴尬，增加了他们逆向选择和道德风险的可能性②。Rajan 和 Wulf（2006）、Grinstein 和 Hribar（2004）发现，管理层可能会通过非正常扩张、非效率投资、在职消费和短期套利等行为消耗家族企业的价值③④。

还需要注意的是，当家族企业的经理人队伍里既有家族经理人又有非家族经理人时，很多家族企业无法做到一碗水端平，容易令非家族经理人产生不公平的心理知觉。家族经理人和企业实际控制人之间的信任程度通常超过非家族经理人。Kole（1997）发现，家族经理人本身是家族成员，对家族企业有一种"主人"感，对非家族经理人这类"打工者"可能会带有排斥和提防；家族经理人可以不努力工作，即使能力不足也可以凭借裙带关系尸位素餐；企业实际控制人往往还会偏爱家族经理人，为其支付大于其对企业绩效贡献的薪酬水平⑤。Baldridge 和 Schulz（1999）认为，非家族经理人在家族企业中感受到的"打工感"、排挤、不信任和不公平可能导致其以机会主义行为回报家族企业⑥。

2.5 家族企业与创新战略

2.5.1 创新的定义与类型

熊彼特（1912）对创新进行过非常经典的阐释，他认为创新是对生产

---

① 储小平. 职业经理与家族企业的成长[J]. 管理世界. 2002(4):100-108.
② 苏启林,朱文. 上市公司家族控制与企业价值[J]. 经济研究. 2003(8):36-45.
③ Rajan R. G., Wulf J. Are perks purely managerial excess? [J]. Journal of Financial Economics. 2006, 79(1): 1-33.
④ Grinstein Y., Hribar P. CEO compensation and incentives: Evidence from M&A bonuses [J]. Journal of Financial Economics. 2004, 73(1): 119-143.
⑤ Kole S. R. The complexity of compensation contracts [J]. Journal of Financial Economics. 1997, 43(1): 79-104.
⑥ Baldridge K., Schulz. Altruism and Agency Cost in Family Firms. Working Paper. 1999.

要素的新组合，是新的生产要素第一次用到经济中的尝试①。后来，创新被 Freeman 和 Soete（1997）进一步拓展为发明、创新和创新的扩散三个阶段②。洪银兴（2010）进一步指出，发明是指一种崭新的构思、模型或工艺；创新是指新发明第一次投入到商业使用；创新的扩散是指创新成果被应用到全社会来提高劳动生产率③。

Porter（1991）提出，战略是企业为了生存与发展所制定的独特定位和创造的独特价值，其本质和目的在于带来区别于竞争对手的竞争优势和异质价值④。同时，Lee（2003）认为，当前是知识经济的时代，企业进行研发投入和创新投资，有助于创造与竞争对手截然不同的产品和服务，使这种产品和服务垄断消费者和市场，建造隔绝竞争对手的坚实壁垒，为企业带来持续的竞争优势⑤。因此，创新活动也属于企业战略，本书称之为创新战略。

杨宏进（1998）认为，创新战略的主体是企业家和企业，企业创新的过程就是资源投入、措施实施和成果产出的三个过程⑥。创新能够为企业带来竞争优势（Griliches，1981；Lang，2012）⑦⑧，与企业绩效和企业价值呈现出显著的正相关关系（Lee，2009；赵晖，2010）⑨⑩。根据创新在内容、主体、方式和强度上的差异，可以将创新划为不同的类型：

---

① ［美］约瑟夫·A·熊彼特. 经济发展理论［M］. 北京：商务印书馆，2014.

② Freeman C., Soete L. The economics of industrial innovation［M］. East Sussex, UK: Psychology Press. 1997.

③ 洪银兴. 自主创新投入的动力和协调机制研究［J］. 中国工业经济. 2010(8)：15－22.

④ Porter M. E. Towards a dynamic theory of strategy［J］. Strategic Management Journal. 1991, 12：95－117.

⑤ Lee P. M. Ownership structures and R & D investments of U. S. and Japanese firms: agency and stewardship perspectives［J］. Academy of Management Journal. 2003, 46(2)：212－225.

⑥ 杨宏进. 企业技术创新能力评价指标的实证分析［J］. 统计研究. 1998(1)：53－58.

⑦ Griliches Z. Market value, R&D and patents［J］. Economics Letters. 1981, 7(2)：183－187.

⑧ Lang T. M., Lin S. H., Vy T. N. T. Mediate effect of technology innovation capabilities investment capability and firm performance in Vietnam［J］. Procedia - Social and Behavioral Sciences. 2012, 40：817－829.

⑨ Lee I. H., Marvel M. R. The moderating effects of home region orientation on R&D investment and international SME performance: Lessons from Korea［J］. European Management Journal. 2009, 27(5)：316－326.

⑩ 赵晖. 高技术企业的 R&D 投入与组织绩效关系的实证分析［J］. 生产力研究. 2010(5)：218－223.

1. 根据创新内容的差异

熊彼特（1912）认为企业的创新包括五个方面：产品创新、工艺创新、市场创新、渠道创新和商业模式创新[①]。后来的学者如吴天凤和郭险峰（2009）、陈永志和郑若娟（2005）、李新春等人（2008）又在熊彼特的基础上增加了管理创新、制度创新和文化创新[②③④]。

熊彼特所提出的是五种传统的创新内容。其中，产品创新是指设计出全新的产品或对产品的功能进行升级。工艺创新是指通过运用新的科学技术和程序步骤来提高产品的生产效率，减少生产损耗和生产成本。孙晓华和郑辉（2013）指出，产品创新和工艺创新都属于技术创新，是企业从事的主要两类创新活动[⑤]。张振刚和张小娟（2013）认为，市场创新是指企业进入以前未曾涉及的国家和地区市场、满足新的市场需求空间、推出新产品而占有的新市场空间[⑥]。Kotler（1988）和翁智刚等人（2015）认为，渠道创新是指企业的产品和服务向最终消费者转移的新路径，包括供应链上的所有参与者（供应商、生产商、承销商、批发商、消费者等）及其活动发生载体（物流、支付平台、信息传递等）[⑦⑧]。Amit 和 Zott（2001）、乔为国（2009）指出，商业模式创新是指对采用新的方式组合企业的生产

[①] ［美］约瑟夫·A·熊彼特. 经济发展理论[M]. 北京:商务印书馆,2014.
[②] 吴天凤,郭险峰. 家族企业管理创新动力机制探讨[J]. 软科学. 2009(2):54 – 57.
[③] 陈永志,郑若娟. 略论中国家族企业制度创新[J]. 经济学家. 2005(3):83 – 89.
[④] 李新春,何轩,陈文婷. 战略创业与家族企业创业精神的传承——基于百年老字号李锦记的案例研究[J]. 管理世界. 2008(10):127 – 140.
[⑤] 孙晓华,郑辉. 买方势力对工艺创新与产品创新的异质性影响[J]. 管理科学学报. 2013(10):25 – 39.
[⑥] 张振刚,张小娟. 企业市场创新概念框架及其基本过程[J]. 科技进步与对策. 2014(1):80 – 85.
[⑦] Kotler P. Marketingmanagement:Analysis,planning,implementation, and control[M]. Upper Saddle River, NJ: Prentice – Hall. 1988.
[⑧] 翁智刚,唐元懋,张平. 渠道创新绩效传递及动态机制研究——基于中国上市银行 2007—2013 年面板数据[J]. 南开管理评论. 2015(5):110 – 121.

要素，即使用一种新的赚钱的逻辑①②。

企业的管理创新、制度创新和文化创新则是较为新颖的提法。吴天凤和郭险峰（2009）认为，管理创新是指在企业内部创造新的组织架构和运行机制。随着家族企业的规模不断扩大，企业购置越来越多的资产，组织和人事也越来越复杂，需要定期地重新审视企业的管理结构，使得组织内部的信息传递流畅、业务协作紧密③。DiMaggio（1988）和Ziber（2002）等学者指出，制度创新是指个体或组织与现有制度安排存在不一致，而利用自身资源去创立新的制度④⑤，既包括有形的企业、工会等组织转变，也包括所有权、行为模式、习俗约定、社会意识等的改变⑥。Lounsbury 和 Glynn（2001）、Weick（1995）等学者认为，文化创新是指通过传播创新创业的故事，潜移默化地影响企业文化，将故事中体现出的精神和内涵与企业的愿景、目标、战略、考核等紧密联系，从而改变企业和员工的行为⑦⑧。

2. 根据创新策略的差异

企业在创新时可以选择自主创新和模仿创新两种策略。Li 等人（2008）指出，自主创新是指企业完全依靠自身的资源和能力寻求创新突破⑨。Baysinger 等人（1991）、Lee 和 O'neill（2003）的研究均发现，自主

---

① Amit R., Zott C. Value creation in e-business [J]. Strategic Management Journal. 2001(22):493-520.
② 乔为国. 商业模式创新[M]. 上海：上海远东出版社，2009.
③ 吴天凤,郭险峰. 家族企业管理创新动力机制探讨[J]. 软科学. 2009(2):54-57.
④ DiMaggio P. J. Interest and agency in institutional theory [J]. Institutional Patterns and Organizations: Cultureand Environment. 1988, 1: 3-22.
⑤ Zilber T. B. Institutionalization as an interplay between actions, meanings, and actors: The case of a rape crisis center in Israel [J]. Academy of Management Journal. 2002, 45(1): 234-254.
⑥ 李新春,何轩,陈文婷. 战略创业与家族企业创业精神的传承——基于百年老字号李锦记的案例研究[J]. 管理世界. 2008(10):127-140.
⑦ Lounsbury M., Glynn M. A. Cultural entrepreneurship: Stories, legitimacy, and the acquisition of resources [J]. Strategic Management Journal. 2001(22): 545-564.
⑧ Weick K. E. Sense making in Organizations[M]. Thousand Oaks,CA:Sage. 1995.
⑨ Li Y., Liu Y., Duan Y. et al. Entrepreneurial orientation, strategic flexibilities and indigenous firm innovation in transitional china [J]. International Journal of Technology Management. 2008, 41(1/2): 223-246.

创新需要企业将大量的时间和资源投入到高度不确定的创新活动中[1][2],甚至多年后大量的自主创新都无法获得充足的投资回报[3]。但是自主创新能够让企业获得独具竞争优势的专利技术和专业经验。

模仿创新是与自主创新相对的一种创新策略。模仿创新是指企业通过学习在自己领域率先进行创新活动者的思路和技术,购买其他企业的核心技术专利或设计专利,或者购买产品和服务进行解构,根据市场需求继续深入进行开发的行为。吴昌南(2009)指出,模仿创新本质上是在别人的基础上进一步完善和改进,以超越甚至替代原有的创新[4]。相对于自主创新而言,模仿创新的风险要小得多,而且创新成果的预期效果要稳妥很多。

3. 根据创新方式的差异

Kamien 和 Schwarttz(1993)认为,创新又可以分为探索创新与开发创新[5]。在探索创新方面,张建宇和蔡双立(2012)提出,探索创新是指企业完全脱离原有的技术,迎合全新的市场需求进行创新[6],即 He 和 Wong(2004)指出的旨在进入新产品市场的创新活动[7]。在开发创新方面,张峰和邱玮(2013)认为,开发式创新是指企业以当前的技术为基础,继续满足和开拓现有市场进行创新[8],即杨学儒等人(2011)指出的旨在改进现

---

[1] Baysinger B., Kosnik R., Tuck T. A. Effects of board and ownership structure on corporate R&D strategy [J]. Academy of Management Journal. 1991,34(1): 205 - 214.

[2] Lee P. M. O'neill Ownership structures and R&D investments of U. S. and Japanese firms: Agency and stewardship perspectives [J]. Academy of Management Journal. 2003, 46(2): 212 - 225.

[3] 郭海,薛佳奇. 领导权变更、创业导向及自主创新间关系的实证研究[J]. 管理学报. 2011 (2):241 - 247.

[4] 吴昌南. 国内外模仿创新研究述评[J]. 技术与创新管理. 2009(1):1 - 7.

[5] Haleblian J., Finkelstein S. Top management team size, CEO dominance, and firm performance: Themoderating roles of environmental turbulence and discretion [J]. Academy of Management Journal. 1993, 36(4): 844 - 863.

[6] 张建宇,蔡双立. 探索性创新与开发性创新的协调路径及其对绩效的影响[J]. 科学学与科学技术管理,2012(5):64 - 70.

[7] He Z. L, Wong P. K. Exploration vs. exploitation: an empirical test of the ambidexterity hypothesis [J]. Organization Science. 2004, 15 (4): 481 - 494.

[8] 张峰,邱玮. 探索式和开发式市场创新的作用机理及其平衡[J]. 管理科学,2013(1):1 - 13.

有产品市场的创新活动①。

李剑力（2009）发现，通常而言，开发创新的风险较大，时间长、回报大、不稳定；而探索创新的风险较小，速度快、回报小、效益稳定②。当然，在Benner和Tushman（2003）的研究中，开发创新与探索创新在企业中可以同时存在③，其特点可以满足企业不同时期的需求，然而这二者可能会争抢企业中的核心稀缺资源，因此需要处理好开发创新和探索创新对资源的排他性和共享性利用，实现不同类型创新活动之间的二元平衡。

4. 根据创新强度的差异

按照企业的创新强度还可以将创新活动划分为突破创新和渐进创新。Benner和Tushman（2003）提出，突破创新是指企业进行的创新活动与当前的产品和技术有根本上的差异，能够为技术、组织和市场带来重大甚至革命性的变化④。其中技术突破创新是指企业的产品和技术与原来有天壤之别（例如，魏江和冯军政，2010；冯军政等，2013）⑤⑥。而市场突破创新则是指客户价值主张和转移价值方式产生了本质改变（刘洋和应瑛，2012）⑦。

Baum等人（2000）提出，渐进创新是指通过改造现有方法来获得知

---

① 杨学儒,李新春,梁强,李胜文. 平衡开发式创新和探索式创新一定有利于提升企业绩效吗？[J]. 管理工程学报. 2011(4)：17-25.

② 李剑力. 探索性创新、开发性创新与企业绩效关系研究——基于冗余资源调节效应的实证分析[J]. 科学学研究,2009(9):1418-1427.

③ Benner M. J., Tushman M. L. Exploitation, exploration, and process management: the productivity dilemma revisited[J]. Academy of Management Review. 2003, 28(2): 238-256.

④ Benner M. J., Tushman M. L. Exploitation, exploration, and process management: the productivity dilemma revisited[J]. Academy of Management Review. 2003, 28(2): 238-256.

⑤ 魏江,冯军政. 国外不连续创新研究现状评介与研究框架构建[J]. 外国经济与管理. 2010(6)：9-16.

⑥ 冯军政,刘洋,魏江. 如何驱动不连续创新：组织学习视角的案例研究[J]. 科研管理. 2013(4)：24-33.

⑦ 刘洋,应瑛. 架构理论研究脉络梳理与未来展望[J]. 外国经济与管理. 2012(6)：74-81.

识、改进现有的产品和技术①，是对现有知识、技术的连续和渐缓的创新活动②。与突破创新相比，渐进创新更为容易和温和，不容易引起企业内部的剧烈变化，风险和不确定性较小，当然企业所获得的收益也较小。突破创新的风险虽然极高，但是获得成功的企业很有可能改变整个行业与市场。

2.5.2 创新风险与不确定性

创新活动与风险相伴相生，始终贯穿着创新战略的全过程。张治河等人（2015）认为，创新的风险来自于企业内外部的各个方面，包括技术风险、市场风险、财务风险、管理风险、政策风险、金融风险和其他风险③，见表2-4。Yang（2011）的研究表明，创新风险会为企业带来潜在的利益损失，但这也意味着风险背后的回报必然是诱人的④。企业要获得核心优势和长足发展离不开创新活动⑤，而创新风险属于企业可以防范和控制的投机风险⑥。Buckley 和 Tse（1996）发现，当不确定性导致企业不能准确识别和判断投资机会时，企业就会选择推迟投资和观望机会，直到可预见的风险降到企业可接受的范围，这相当于获得了未来的投资期权⑦。

---

① Baum J. A. C., Li S. X., Usher J. M. Making the next move: How experiential and vicarious learning shape the locations of chains' acquisitions [J]. Administrative Science Quarterly. 2000, 45(4):766–801.

② March J. G. Rationality, foolishness, and adaptive intelligence [J]. Strategic Management Journal. 2006, 27(3): 201–214.

③ 张治河,许珂,李鹏. 创新投入的延迟效应与创新风险成因分析[J]. 科研管理. 2015(5):10–20.

④ Yang P. C., Wee H. M., Liu B. S. Mitigating hi-tech products risks due to rapid technological innovation [J]. Omega. 2011,39(4): 456–463.

⑤ Barsh J., Capozzi M. Managing Innovation Risk[J]. Engineering Management Review. IEEE. 2009, 37(4): 86–89.

⑥ 张治河,许珂,李鹏. 创新投入的延迟效应与创新风险成因分析[J]. 科研管理. 2015(5):10–20.

⑦ Buckley A., Tse K. Real operating options and foreign direct investment: a synthetic approach [J]. EuropeanManagement Journal. 1996, 14(3): 304–314.

表2-4 创新风险的类型

风险类型	内涵
技术风险	由于技术的研发失败或不稳定等原因导致资金损失。
市场风险	由于市场预期不符、市场需求变化等原因导致创新失败。
财务风险	由于资金在融资、运营、归还等环节出现问题而影响创新。
管理风险	由于对人员、物资或资源等管理不善导致创新失败。
政治风险	由于国家或地区的政局、政策、法律、导向发生改变导致创新失利。
金融风险	由于本地金融危机的发生或其他地区金融危机的蔓延而影响创新。
其他风险	包括社会风险、经济风险等。

资料来源：作者根据资料整理。

除了风险之外，企业在创新活动的过程中还会面临不确定性，企业面临的不确定性主要包括技术不确定性、市场不确定性、组织不确定性、制度不确定性以及环境不确定性。

1. 技术不确定性

梅德强和龙勇（2010）认为，技术不确定性来源于企业投入研发的技术所依赖的科学知识和操作规范不完整或不正确，这会影响到企业的研发成本、投入产出率和创新是否成功[①]。例如，有些国家不允许化妆品在动物身上做实验，这导致依靠动物实验的化妆品企业即使创造出新产品也无法销往这些国家和地区。同时，郭海和薛佳奇（2011）发现，行业内技术的快速发展还会缩短产品的生命周期，导致技术具备动态性[②]。

2. 市场不确定性

市场不确定性与消费者的需求和竞争对手的行为相关。郭海和薛佳奇（2011）指出，当消费者的需求、偏好和期望因为时间、地点、事件等改变后，企业很难识别潜在的消费者群体及其真实需求，需要不断改变生产

[①] 梅德强,龙勇.不确定性环境下创业能力与创新类型关系研究[J].科学学研究.2010(9)：1413-1421.

[②] 郭海,薛佳奇.领导权变更、创业导向及自主创新间关系的实证研究[J].管理学报.2011(2):241-247.

计划和市场战略,该过程中原有的创新投入就会成为沉没成本①。同时,梅德强和龙勇(2010)的研究表明,当市场中出现了某种创新的需求后,如果竞争对手抢先制造出了替代产品,那么进行创新活动的企业就会遭受损失②。

3. 组织不确定性

组织的不确定性主要表现为团队内部的异质性和冲突。团队成员的背景、学历、文化、能力等方面存在差异,能够为整个团队增加多样性和异质性,能够提供更多的经验和创造性思维。然而,如果团队中没有凝聚力或者团队沟通不顺畅,那么异质性就会转化为内耗,增加了企业的管理难度和沟通成本,不利于创新活动的实现。

4. 制度不确定性

在市场转型时期,企业创新活动所依赖的制度环境常常得不到保障,正式制度如知识产权保护法、专利制度等常常处于缺位的状态,使得竞争对手可以轻易模仿企业的创新产品和服务,并且企业进行维权的难度和成本都居高不下。梁强等人(2011)发现,正式制度的缺失往往使得企业创新的动力和激励不足③。

5. 环境不确定性

企业所处的创新环境也会带来不确定性。马连福等人(2016)认为,良好的市场环境和竞争秩序能够使得研发投入的成果转化率提高,收益可预见性增强④。完善的公平竞争机制、较高的地区法制水平、繁荣的金融市场和劳动力市场都能够促进创新投入和创新效率(例如,Almeida 和

---

① 郭海,薛佳奇. 领导权变更、创业导向及自主创新间关系的实证研究[J]. 管理学报. 2011(2):241-247.
② 梅德强,龙勇. 不确定性环境下创业能力与创新类型关系研究[J]. 科学学研究. 2010(9):1413-1421.
③ 梁强,李新春,郭超. 非正式制度保护与企业创新投入——基于中国民营上市企业的经验研究[J]. 南开经济研究. 2011(3):97-110.
④ 马连福,张琦,王丽丽. 董事会网络位置与企业技术创新投入——基于技术密集型上市公司的研究[J]. 科学学与科学技术管理. 2016(4):126-136.

Campello，2007；连军，2013)①②。

2.5.3 家族企业的创新

家族企业的创新研发活动在以往的研究中并未受到足够的重视，实际上，家族企业在创新研发方面既有优势也有劣势。

一方面，Le Breton – Miller 和 Miller（2006）的研究表明，家族对企业所有权和管理权的涉入意味着家族对企业的长期控制，家族企业对家庭成员来说，不仅仅意味着财富的来源，还是荣誉和地位的象征，因此，家族成员会更加关注家族企业的长期规划和投资行为，而创新活动是持久的竞争优势的来源，因此家族企业有动力去进行研发投入，对创新战略做出长期承诺③。

同时，Teece（2007）指出，企业内部核心的隐性知识、技术诀窍和专业信息能够在家族成员之间共享和传承④。而且 Coleman（1990）和 Klein 等人（2005）发现，以家族为中心的强联系、高密度的社会网络加强了资源和信息的顺畅和频繁流动⑤⑥，使得这些核心内容得以在家族和代际之间积累和精练⑦，增强了家族企业的创新能力和竞争优势⑧。

另一方面，Berrone 等人（2012）认为，进行创新研发活动有助于提

---

① Almeida H., Campello M. Financial constraints, asset tangibility, and corporate investment [J]. Social ScienceElectronic Publishing. 2007, 20(5):1429 – 1460.
② 连军. 组织冗余、政治联系与民营企业 R&D 投资[J]. 科学学与科学技术管理. 2013(1):3 – 11.
③ Miller D., Le Breton – Miller I. Family governance and firm performance: Agency, stewardship, and capabilities [J]. Family Business Review. 2006, 19(1): 73 – 87.
④ Teece D. J. Explicating dynamic capabilities: The nature and microfoundations of (sustainable) enterprise per – formance [J]. Strategic Management Journal. 2007, 28(13): 1319 – 1350.
⑤ Klein S. B., Astrachan J. H, Smyrnios K. X. The F – PEC scale of family influence: Construction, validation, and further implication firm theory[J]. Entrepreneurship Theory and Practice. 2005, 29(3): 321 – 339.
⑥ Coleman J. S. Social capital in the creation of human capital[J]. American Journal of Sociology. 1990, 94(S): 95 – 120.
⑦ Uzzi B. Social structure and competition in interfirm networks: The paradox of embeddedness [J]. Administrative Science Quarterly. 1997, 42(1): 35 – 67.
⑧ 周立新. 家族涉入与家族企业创新能力：中国制造业家族企业的实证研究[J]. 研究与发展管理. 2014(1):136 – 144.

升家族企业未来的价值，保证跨代延续家族控制①，然而，Gomez – Mejia 等人（2014）指出，研发投入伴随着极高的风险和不确定性，因此研发投入带来的收入是或有收益②，即或有的社会情感财富增值。另外，Gomez – Mejia 等人（2011）还发现，由于进行研发活动需要大量资金和技术，家族企业可能选择引入外部投资者和非家族成员的专业技术人才，在给家族企业带来外部监督和要求的同时，增加了企业内部家族成员和非家族成员之间的不对称性，威胁到家族对企业的排他性控制权③，即确定的社会情感财富损失。因此，朱沆等人（2016）认为，创新研发不一定会获得期望收益，但几乎确定会损失部分控制权④。正是因为如此，陈凌和吴炳德（2014）的研究发现，很多家族企业在权衡之后选择规避社会情感财富损失，减少创新研发投入⑤。

2.6 企业成长性

自从20世纪80年代以来，国内外越来越多的学者开始将注意力放在了企业的成长性上面。企业成长性，是指在较长的一段时期内，企业的发展速度、绩效表现、增值能力等方面的综合表现。刘金林（2011）发现，对企业成长性的研究主要集中在成长性的影响因素和评价指标方面⑥。

---

① Berrone P., Cruz C., Gomez – Mejia L. R. Socioemotional wealth in family firms: Theoretical dimensions, assessment approaches, and agenda for future research [J]. Family Business Review. 2012, 25 (3): 258 – 279.

② Gomez-Mejia L. R., Campbell J. T., Martin G. et al. Socioemotional wealth as a mixed gamble: Revisiting family firm R&D investments with the behavioral agency model [J]. Entrepreneurship Theory and Practice. 2014, 38(6): 1351 – 1374.

③ Gomez-Mejia, L. R., R. E. Hoskisson, M. Makri, D. Sirmon and J. T. Campbell. Innovation and the Preservation of Socioemotional Wealth: The Paradox of R&D Investment in Family Controlled High Technology Firms (Unpublished manuscript), Mays Business School, Texas A&M University. 2011.

④ 朱沆, Eric Kushins, 周影辉. 社会情感财富抑制了中国家族企业的创新投入吗？[J]. 管理世界, 2016(3): 99 – 114.

⑤ 陈凌, 吴炳德. 市场化水平、教育程度和家族企业研发投资[J]. 科研管理. 2014(7): 44 – 50.

⑥ 刘金林. 创业板上市企业成长性评价指标体系的设计及实证研究[J]. 宏观经济研究. 2011 (8): 56 – 64.

2.6.1 企业成长性的影响因素

企业成长性的影响因素主要包括内部因素和外部因素两个方面。具体而言，Delmar 等人（2003）认为，内部因素包括人、产品、市场、战略、技术等方面，外部因素包括企业的经济环境、政治环境、市场环境等（见表2-5），并提出企业存在7种主要的成长模式①。

表 2-5 企业成长性的影响因素

内部因素	内容	学者
人	企业家的个人特质、经验，团队精神，领导者能力，人才的吸引机制，管理层的教育水平	MacMillan et al. (1987)；Hayes &Haeberle (1990)；Ghosh &Kwan (1996)；陈晓红等 (2009)
产品	产品和服务的特点	
市场	市场的特点，良好的客户关系	
战略	财务战略，满足细分市场的能力，顾客战略联盟，正确的战略选择	
技术	持续的技术优势，信息技术的使用，研发投入	
外部因素	内容	学者
经济环境	通货膨胀/紧缩水平，GDP水平	Weinzimmer et al. (1998)；Chung& Chin (2004)
政治环境	政府支持程度，土地供应，基础设施水平	
市场环境	市场潜力，产业相关性	

资料来源：作者根据资料整理。

2.6.2 企业成长性的评价指标

对于企业成长性应该如何评价，很多学者都提出了不同的看法（见表2-6），张玉明和梁益琳（2011）认为，主要的争论点在于：第一，应该使用哪些评价指标，财务指标、内部指标或绝对指标显然难以反映全部情况；第二，各个指标应该各自赋予多少权重，每个指标在评价企业成长性时并非同等重要；第三，不同特征的企业是否适用于不同的评价指标，大型企业与中小型企业、创新企业与传统企业、新创企业与老牌企业之间

---

① Delmar F. , Davidsson P. , Gartner W. B. Arriving at the High – growth firm [J]. Journal of Business Venturing. 2003, 18(2)：189 – 216.

并不能完全使用同样的标准；第四，如何比较不同的成长性指标，从横向和纵向角度观察企业的成长等①。

表2-6 企业成长性的评价指标

指标	学者
净资产收益增长率、主营利润比例、利润增长同步率、资本保值增值率、利润保留率、资本周转加速率	张炳坤（1998）
盈利水平、利润相对额、利润总额、主营业务收入、利润增长率与市盈率之比	惠恩才（1998）
发展状况、获利水平、经济效率、偿债能力和行业成长性5大类综合指标	国家经济贸易委员会中小企业司等联合课题组（2000）
产业环境、技术环境、法律和政策环境、融资环境等8个方面	周国红和陆立军（2002）

资料来源：作者根据资料整理。

从表2-6可以看出，对企业的成长性进行全面和系统的评价是一项复杂的工作，需要考虑各种方面的影响因素，因此，国内目前还是偏重于使用财务指标对企业的成长性进行考察，主要考察企业的盈利能力、成长潜力、资金运营能力、生存状态和企业规模②。

2.7 企业价值

2.7.1 企业价值的定义

在理解企业价值的含义之前，有必要回顾一下价值的定义。Petty（1662）指出，价值来源于劳动，劳动创造了价值③。价值凝结在人类的无差别劳动中，其大小由社会必要劳动时间决定④。价值是由不变资本价值部分、补偿可变资本部分和剩余价值部分组成的。成京联和阮梓坪

---

① 张玉明,梁益琳.创新型中小企业成长性评价与预测研究——基于我国创业板上市公司数据[J].山东大学学报(哲学社会科学版).2011(5):32-38.
② 张玉明,梁益琳.创新型中小企业成长性评价与预测研究——基于我国创业板上市公司数据[J].山东大学学报(哲学社会科学版).2011(5):32-38.
③ [英]威廉·配第.赋税论[M].薛东阳,译.武汉:武汉大学出版社.2011.
④ [德]卡尔·马克思.资本论[M].郭大力,王亚南,译.上海:上海三联书店.2009.

(2005)认为,从这个角度来理解企业价值,企业及其产出的产品和服务凝结了无差别的人类劳动,因此企业及其产品和服务具有价值,可以被用来评估和交易[①]。

成京联和阮梓坪(2005)提出,企业价值包括四类来源:实物资本、无形资本、人力资本和资源资本[②],这四类来源并非严格区分,互相之间存在交叉。实物资本就是企业所拥有的土地、大楼、厂房、机器设备、办公用品等。由于实物资本的可模仿性很高,所以无法为企业带来持久的竞争优势和价值。

无形资本主要包括三个层次:企业的专利权、非专利的秘密技术、商誉、商标权等属于企业身份层面的产物;企业的战略思路、创新想法、知识储备、培训方法、知识产权等,这是属于企业意识层面的产物;还包括企业的管理模式、组织模式、商业模式、工序流程、部门业务关系等。随着知识经济时代的到来,无形资产对于企业价值提升的意义越来越重要。

人力资本主要包括知识和智力资本,即企业管理者、技术人员和普通员工拥有的知识和智慧;外部社会资本,即企业全体人员所拥有的外部商业关系和社会关系;内部关系资本,即企业内部人员之间的人际关系。如果企业的人力资本保持着知识丰富、智慧明达、诚信和谐的状态,就可以产生巨额的效益和回报。

资源资本是指会计体系无法计量的实物资本,包括矿产资源和生态资源。矿产资源一般为制造业企业所倚重,例如能源类、金属类、非金属类、水气类等。生态资源包括森林、湿地、海洋、阳光、空气、风景等。矿产资源的可再生能力较弱,生态资源的异质性较强,这决定了利用矿产资源和生态资源创造价值的企业通常绩效较好。

当前,由于行业和企业之间的竞争越来越激烈,企业创造价值的过程越来越不容易,因此企业价值的来源也逐渐体现出从有形资本向无形资

---

① 成京联,阮梓坪. 企业价值理论与企业价值评估[J]. 求索. 2005(10):29-31.
② 成京联,阮梓坪. 企业价值理论与企业价值评估[J]. 求索. 2005(10):29-31.

本、从物质资本向人力资本的转移。

2.7.2 企业价值的评价指标

对于企业价值的评估,成京联和阮梓坪(2005)认为,可以从静态和动态两个角度进行①。从静态视角评估企业价值时,需要确定评估企业价值的时点,从创造价值的成本角度,去计算企业内部各种各样的资产的价值,然后进行加总获得企业总价值。从动态视角评估企业价值时,则是要预测企业未来的所有产品和服务的销售收入,然后确定折现率,将企业资产的未来价值折算成当前的企业价值。可以看出,这两种方法分别是基于过去和未来评估企业价值。

由于当前很多行业中的经营风险较强,很多企业都缺乏持续经营能力,因此,现在使用较为广泛的是静态价值估算法。肖翔和权忠光(2004)指出,当前评估企业价值的指标体系由三个方面的指标组成:财务指标、非财务指标和定性指标②。

财务指标包括经济增加值(Economic Value Added, EVA)、修正的经济增加值(Revised Economic Value Added, REVA)、资产回报率(Return on Assets, ROA)、净资产回报率(Return on Equity, ROE)、成本费用利润率、知识与智力资产收益率、销售利润增长率等。根据企业的实际情况,可以选择最适合企业的财务评价指标。

非财务指标包括市场层面指标,即客户满意程度、市场占有率和客户利润率等;技术创新层面指标,即研发投入、新产品开发费用率和研发转化率等;生产层面指标,指产品生产周期效率、产品达标率和生产能力利用率等;以及员工层面指标,即员工满意度、员工生产率、员工能力岗位匹配度等。

定性指标所包含的范围非常广泛,对于企业经营和管理应该考虑却无法进行量化的因素,都应该纳入定性指标的范畴,否则对企业价值的评价

---

① 成京联,阮梓坪. 企业价值理论与企业价值评估[J]. 求索. 2005(10):29-31.
② 肖翔,权忠光. 企业价值评估指标体系的构建[J]. 中国软科学. 2004(10):83-87.

就是不全面、不到位、不科学的。例如，高管团队的综合素质、企业的治理结构和治理效率、市场的开发和占有能力、企业战略落地和执行能力、长期发展能力预测、行业影响能力等。

除了确定不同的企业应该采取哪些指标以外，还需要确定这些指标应该赋予多少权重，因此，学者对指标及其权重的争议较大。从而，现在多数研究对企业价值的测量都使用工具变量代替，例如账面价值、市场价值、清算价值、重置价值、托宾 Q 值等（例如，伍伟，2008；姜跃龙，2008）①②。

2.8 已有研究评述

通过对以往文献进行回顾和梳理，本书发现了前人研究存在的不足之处：

第一，以往的研究更多还是集中在分析家族企业与非家族企业的差异及其原因方面，例如家族企业与非家族企业谁的绩效表现更佳，可以实现更高的企业价值，在控制权方面和国有企业、私营非家族企业有何不同等。在某种程度上，家族企业在此类研究中被默认为同质化的群体。实际上，不同的家族企业之间千差万别，包含各种各样的亲缘关系，存在影响家族企业决策的多种机制，然而很多研究都忽视了这一点。

第二，家族企业彼此差异较大的一个重要原因在于家族企业内部包含的亲缘关系不同，而以往的研究由于缺少数据样本，对亲缘关系的研究大都是经验性的研究和案例研究，其结论缺乏实证数据的检验。同时，这些研究通常只是针对某一种亲缘关系在家族企业中发挥的作用进行检验，而没有系统性地将各种主要的亲缘关系放在同一个理论模型中加以分析和比较。这导致不同亲缘关系对家族企业的影响研究缺乏有说服力和严谨性的

---

① 伍伟. 基于托宾 Q 的公司治理与公司价值关系的实证研究[J]. 南京社会科学. 2008(7)：39 - 46.

② 姜跃龙. 具有政府背景的高管继任影响公司价值吗？——托宾 Q 值视角下的解读[J]. 中山大学研究生学刊(社会科学版). 2008(1)：82 - 89.

结论。

第三，当前对家族企业和非家族企业的控制权研究非常相似，都是围绕在控制权争夺、转移、私利、偏好等主题，很少的文献注意到家族企业的亲缘关系参与到企业控制权中，会带来更为复杂和多层次的代理问题。以往研究认为，家族企业的管理者由于与家族的内部联系和非正式契约，更多地是承担着家族企业"管家"的职责，而实际情况却提示了掏空行为的存在和代理成本的增加。究竟是"代理人"还是"管家"，需要更加可靠的实证检验结果来说明。

第四，家族企业普遍存在创新研发投入较少的情况，现有研究对这种现象的解释较多从家族企业领域特有的社会情感财富理论展开，而忽视了从代理理论的视角去看待这个问题，而且这两种理论在解释家族企业的创新战略时存在悖论和矛盾之处。社会情感财富理论认为，家族企业及其家庭成员更看重家族企业带来的非经济效益，而代理理论认为，家族企业过于集中的股权结构会导致家族群成员对控制权私利的追求。因此，对于家族企业在经济目标和非经济目标面前如何权衡和选择，目前还缺少能够充分解释上述家族行为的研究。

第五，以往对亲缘关系如何影响家族企业价值的研究甚少。家族企业在核心层中引入哪些亲属看似与企业价值的联系较远，其实可以在这二者之间架起一座"桥梁"，发掘二者之间的间接影响机制。很多研究对亲缘关系与企业价值的研究止步于控制权或创新战略，而实际上亲缘关系—家族控制权—创新战略—企业价值之间存在着完整的影响机制。对这方面的研究不足需要进行实证研究予以弥补。

第3章 变量界定与数据来源

3.1 核心变量的界定与测量

3.1.1 对上市家族企业的界定

在对本书的所有变量进行说明之前,需要对本书所使用的"家族"和"家族企业"这一术语的概念内涵进行清晰的界定与说明。对于"家族"而言,正如费孝通(1948)在《乡土中国》中所说,中国人并没有严格的家的范围概念,家可以按照亲属差序格局进行伸缩,小到仅包含亲子的小组合,大到任何想要拉入自己圈子的"家里人"[①]。中国人的"家"概念中往往包含了更大范围的社会资本。因此,为了研究真正的亲缘关系在家族企业中发挥的作用,本书采用亲缘关系的狭义定义,仅将血亲和姻亲关系包含进"家族"的定义。

对于"家族企业"而言,在文献综述部分,以往的研究对家族企业的定义五花八门,本书对家族企业的定义做了回顾与梳理,采用 Donckels 和 Fröhlich(1991)对家族企业的定义"由家族控制,并由家族成员共同经营的企业"[②],并根据储小平(2004)的研究,从企业资本所有权、经营控制权和家族成员的参与程度三个角度提出了家族企业必须同时满足的三个

---

① 费孝通. 乡土中国[A]. 费孝通卷(东方之子、大家丛书)[C]. 北京:华文出版社,1999.
② Donckels R., Fröhlich E. Are family businesses really different? European experiences from STRATOS[J]. Family Business Review. 1991, 4(2): 149-160.

标准①。

根据盖尔西克（1998）的研究，在资本所有权方面，从家族企业的所有权来判断是比较基本的做法②，家族企业的股权集中程度代表了家族在企业中的影响力。本书按照 Pindado 等人（2011）的研究，认为家族成员必须至少拥有 10% 的企业所有权，该企业才可以被界定为"家族企业"③。选择 10% 所有权的原因是，采用如钱德勒（1987）提出的定性标准较为主观④，而以往的大多数研究都选择 10% 作为家族成员对企业所有权的下限，因此本书沿用了该标准。需要注意的是，虽然该标准较为宽泛，但是结合另外两个家族企业判别标准，本书对家族企业的筛选仍然非常严格。

在经营控制权方面，金祥荣和于立智（2002）认为，家族仅有企业的所有权是不够的，还必须直接或间接地掌握家族的经营控制权，即家族成员必须是企业的实际控制人⑤。直接控制人是指家族成员直接就是企业的最大股东；间接控制人是指家族成员间接控制着企业的最大股东。于晓东（2016）认为，如果家族并不拥有对企业的实际控制权，则家族成员在企业的经营管理中无足轻重，无法体现出家族的影响力⑥。

在家族成员的参与程度方面，大部分学者认为，家族成员参与企业管理和经营是界定家族企业的重要标准之一。如果家族企业中只有实际控制人一人，而不包含与其具有亲缘关系的其他人，则难以将该企业视为有家族涉入的情形。因此，本文参照 Jones 等人（2008）的研究，认为除了董事长之外，必须有至少一名家族成员在企业的董事会、监事会、高管层或

---

① 储小平. 华人家族企业的界定[J]. 经济理论与经济管理,2004(1):49-53.
② [美]柯林·盖尔西克,等. 家族企业的繁衍:家族企业的生命周期[M]. 贺敏,译. 北京:经济日报出版社,1998.
③ Pindado J., Requejo I., de la Torre C. Family control and investment – cash flow sensitivity: Empirical evidence from the Euro zone [J]. Journal of Corporate Finance,2011, 17(5): 1389-1409.
④ [美]小艾尔弗雷德·D钱德勒. 看得见的手——美国企业的管理革命[M]. 北京:商务印书馆,1987.
⑤ 金祥荣,余立智. 控制权市场缺失与民营家族制企业成长中的产权障碍[J]. 温州论坛,2002(1):32-36.
⑥ 于晓东. 亲缘关系对家族企业资产结构及绩效影响研究——基于委托代理理论和社会情感价值理论的视角[D]. 北京:中国人民大学,2016.

核心技术层任职①,这样的企业才可以被界定为家族企业。

综上,本书的家族结构中只包含血亲关系和姻亲关系,并且只有同时满足企业资本所有权、经营控制权和家族成员的参与程度三个标准的企业才会被界定为本文的研究对象。本书在筛选符合条件的家族企业方面保持着较为严谨的评判标准。

3.1.2 因变量

本书的因变量为上市家族企业的企业价值。需要注意的是,本书考察的是在中小板和创业板公开上市的家族企业,而非私营的家族企业。虽然有研究认为,上市后的家族企业有部分股权由投资机构和公众所掌控,不再完全被家族所拥有,应该与完全的私营家族企业作区分。但是,大部分研究仍认为,虽然上市家族企业可能拥有上万名股东,但是实际控制权还在家族成员手中,这时上市企业仍然属于家族企业的范畴。同时,在中国,由于企业上市后需要定期报告股权变动、十大股东、高管人员、股本结构、分红配股、财务指标等信息,因此上市家族企业的资料和信息比私营家族企业更加容易获得和收集。所以,本文的研究对象为上市的家族企业。

对于家族企业价值的测量,经济学家 Tobin 在 1969 年提出的系数"托宾 Q"②,即企业的市场价值与重置价值的比率,包含了企业的两种不同的估值方式,为很多研究所采用(徐鹏和宁向东,2011;池国华等,2013)③④。然而,由于我国股票市场尚不完善,因此股价在一定程度上并

---

① Jones C. D., Makri M., Gomez - Mejia L. R. Affiliate directors and perceived risk bearing in publicly traded, family - controlled firms: The case of diversification [J]. Entrepreneurship Theory and Practice,2008,32(6):1007 - 1026.

② Tobin J. A general equilibrium approach to monetary theory [J]. Journal of Money, Credit and Banking,1969,1(1):15 - 29.

③ 徐鹏,宁向东. 家族化管理会为家族企业创造价值吗?——以中小板家族上市公司为例[J]. 科学学与科学技术管理,2011(11):144 - 151.

④ 池国华,王志,杨金. EVA 考核提升了企业价值吗?——来自中国国有上市公司的经验证据[J]. 会计研究,2013(11):60 - 66.

不能反映股票的真实价值，因此，利用股价去计算各个家族企业价值的托宾Q值并不能反映企业的真实价值情况。本书选择从Wind数据库的中小板和创业板上市企业数据库中的企业价值项目中直接摘录数据，使用未包含货币资金的企业价值。在后续的稳健性研究中，则将货币资金包含在企业价值中，以检验本书假设结果成立的稳健性。

3.1.3 自变量

本书的自变量包括家族企业内部的六种主要的亲缘关系，既包含亲缘关系和姻亲关系，也包含近亲关系与远亲关系。纳入本书的六种亲缘关系是配偶关系、亲子关系、兄弟姐妹关系、堂/表兄弟姐妹关系、姻亲亲子关系（女婿和儿媳关系）和姻亲兄弟姐妹关系（包括兄弟姐妹的配偶、配偶的兄弟姐妹、配偶的兄弟姐妹的配偶）。除了这六种亲缘关系之外的亲缘关系，则属于较远的亲属范畴，在家族企业中非常少见，因此并不在本文的研究范围内。

本书通过虚拟变量统计家族企业中的这六种亲缘关系。如果家族企业董事长的上述六种类型亲缘关系出现在家族企业的董事会、监事会、高管层和核心技术人员这些企业核心层中，则将出现的亲缘关系标记为"1"，没有出现的亲缘关系标记为"0"。上市家族企业的财务报告、招股说明书等材料报告了家族成员在企业内部的职位情况。

需要注意的是，本文按照 Santiago（2011）等诸多国外学者的研究，没有严格区别姻亲兄弟姐妹的三种类型，将它们共同归类为"sibling-in-law"关系[1]，不考虑弟姐妹的配偶、配偶的兄弟姐妹和配偶的兄弟姐妹的配偶之间的差别。同时，本书也并未考虑同一类亲属在家族企业中的人数。例如，家族企业董事长的一个儿子或两个儿子在企业中任职，这两种情况在本书中一视同仁。进行这种简化的主要原因在于，同一类亲属中有多人在家族企业中任职的情况比较少见，而且考虑人数将令模型变得非

---

[1] Santiago A. L. The family in family business case of the in-laws in Philippine businesses [J]. Family Business Review, 2011, 24(4): 343-361.

常复杂,因此,本书对亲属人数的统计进行了合理简化。

3.1.4 中介变量

本书的中介变量包括第一个子模型"亲缘关系—家族控制权—创新战略"中的家族控制权,以及第二个子模型"家族控制权—创新战略—企业价值"中的创新战略。

1. 家族控制权

La Porta 等人(2000)认为,高度集中的股权是家族企业控制权私利的根本来源[1],表现为家族成员通过控制权实现基于自我利益的目标,甚至做出有悖于企业价值的创新投资决策(Grossman & Hart,2007;La Porta et al.,2000)[2][3],损伤家族企业的投资效率和企业价值(Holmén & Högfeldt,2009;冉戎和刘星,2010)[4][5],因此,本书利用股权集中程度来反映家族企业的控制权。

以往文献通常用前五大股东所拥有的股权百分比来代表企业的股权集中度。本书也参照张建君和张闫龙(2016)的研究,选择前五大股东持股比例来衡量家族企业的股权集中度,即家族对企业的控制权[6]。需要注意的是,前五大股东的股权比例之所以可以代表家族对企业的控制权,是因为家族企业的前五大股东主要包括董事长,家族成员,由家族成员控制的企业,家族成员的朋友、同学、老乡、战友等,家族成员的朋友、同学、

---

[1] La Porta R., Lopez – De – SilanesF., ShleiferA. et al. Investor protection and corporate governance[J]. Journal of Financial Economics. 2000, 58(1): 3 – 27.

[2] Grossman S., Hart O. One Share/One Vote and the Market for Corporate Control[J]. Journal of Financial Economics. 2007, 20(88): 175 – 202.

[3] La Porta R., Lopez – De – SilanesF., ShleiferA. et al. Investor protection and corporate governance[J]. Journal of Financial Economics. 2000, 58(1): 3 – 27.

[4] Holmén M., Högfeldt P. Pyramidal discounts: Tunneling or overinvestment? [J]. International Review of Finance. 2009, 9(1 – 2): 133 – 175.

[5] 冉戎,刘星. 合理控制权私有收益与超额控制权私有收益——基于中小股东视角的解释[J]. 管理科学学报. 2010(6):73 – 83.

[6] 张建君,张闫龙. 董事长—总经理的异质性、权力差距和融洽关系与组织绩效[J]. 管理世界. 2016(1):110 – 120.

战友等控制的企业，员工持股计划，与家族企业有关联的其他企业等，即由家族成员的血缘、姻缘、友缘、地缘、业缘等关系构成的群体①。董事长及其家庭成员在该群体中具有话语权，能够影响到整个群体对于家族企业的决策。因此，本书从广义的角度认为家族企业的前五大股东的股权集中度可以代表家族对企业的控制权。

2. 创新战略

虽然企业可以实施各种各样的创新，包括 Schumpeter 提出的新产品、新技术、新工艺、新渠道和新商业模式②，但是衡量企业对于创新战略的重视程度的一个显性且客观的指标是对创新活动的资金投入。赵晖（2010）发现，虽然创新产出代表了企业的创新活动转化效率③，然而创新产出会受到很多其他因素影响，例如知识产权保护、技术人员配备、研发周期长短等。因此，使用创新投入来衡量家族企业对创新战略的态度较为合理。

以往的研究有些使用研发投入与销售收入之比来测量企业的创新投入比重（例如，Hoskisson & Hitt，1988）④。虽然与绝对的研发投入相比，研发投入/销售收入比能够反映出企业对研发的承诺，但是不能直观地比较不同的家族企业究竟为研发投入了多少资金。基于上述考虑，本书参照张华平（2013）等学者的研究，直接采用研发投入的绝对数额来衡量家族企业的创新战略投入⑤。

3.1.5 调节变量

刘金林（2011）指出，国内外学者根据内部因素和外部因素两个方面

---

① 郑海航，曾少军. 对家族企业发展趋势的研究[J]. 经济理论与经济管理. 2003(9):38–43.
② [美]约瑟夫·A·熊彼特. 经济发展理论[M]. 郭武军,吕阳,译. 北京:华夏出版社. 2015.
③ 赵晖. 高技术企业的R&D投入与组织绩效关系的实证分析[J]. 生产力研究. 2010(5):218–223.
④ Hoskisson R. E., Hitt M. A. Strategic control systems and relative R&D investment in large multi-productfirms [J]. Strategic Management Journal. 1988,9(6):605–621.
⑤ 张华平. 高技术产业创新投入与产出灰关联分析[J]. 中央财经大学学报. 2013(3):61–65.

提出了企业成长性的影响因素①，从定量和定性的角度构造了企业成长性的评价指标体系（Laitinen，2002；Weinzimmer et al.，1998）②③，然而对这些评价指标的实际操作却较为主观和困难，因此，国内较为普遍的做法还是偏重于使用财务评价指标④。

正如在文献综述部分所提及的，衡量企业成长性的财务指标繁多，包括收入增长率、利润增长率、资本保值率、偿债能力增长率、行业成长性等（例如，张炳坤，1998；惠恩才，1998）⑤⑥，不仅各个指标之间的权重难以在众多学者之间取得共识，而且对于处于不同经济环境和行业环境的企业来说并没有统一的比较标准。因此，对于本书所关注的在中小板和创业板上市的家族企业，仅用企业的主营业务增长率测量企业的成长性，以简化对于调节变量的操作。

3.1.6 控制变量

为了防止虚假的相关性对回归结果产生干扰，本书也参考前人的研究，选择了一些可能产生影响的控制变量。本书的控制变量包含两个层次。一个层次是上市家族企业的特征变量，包括企业的总资产报酬率、资产负债率、员工总人数、亲属总人数、董事长是否兼任总经理和员工董事会人数。控制上述变量主要是为了隔绝这些企业特征对企业价值的影响。另一个层次是时间、空间和行业所属的虚拟控制变量，主要是为了防止企业价值因为这些外部因素的影响带来的波动而干扰本书的观测变量。

在这里需要说明的是，本书并未将企业年限和企业总收入纳入控制变

---

① 刘金林. 创业板上市企业成长性评价指标体系的设计及实证研究[J]. 宏观经济研究. 2011(8):56-64.
② Laitinen E. K. A dynamic performance measurement system: evidence from small finnish technology companies [J]. Scandinavian Journal of Management. 2002, 18(1): 65-99.
③ Weinzimmer L. G, Nystrom P. C, Freeman S. J. Measuring organizational growth: Issues, consequences and guidelines [J]. Journal of Management. 1998, 24(2): 235-262.
④ 刘金林. 创业板上市企业成长性评价指标体系的设计及实证研究[J]. 宏观经济研究. 2011(8):56-64.
⑤ 张炳坤. 论企业的成长性及其财务评价[J]. 经济师. 1998(1):39-40.
⑥ 惠恩才. 关于上市公司成长性分析[J]. 财经问题研究. 1998(4):49-51.

量。其原因是，Burton 和 Beckman（2007）、张建君和张闫龙（2016）的研究表明，由于研究的数据样本本身就包含时间序列，因此再将企业年限作为控制变量加入模型将导致极大的共线性，而且由于有些家族企业建立的时间较早，曾经受到政府和国资的影响，因此企业年龄并不能准确地反映出市场对企业的影响，从而将企业年限剔除出理论模型[1][2]；而将企业总收入加入控制主要是想隔离企业规模对企业价值的影响，由于本书已经将员工人数作为企业规模的衡量指标，而员工人数与企业销售收入之间的相关性和共线性非常高，采用其中一个变量已经足够，因此本书选择数据资料缺失较少的员工人数作为控制变量。

1. 总资产报酬率（Return on Asset）

企业上个年度的总资产报酬率是衡量企业绩效的常用标准之一（例如，Shen& Cannella，2002；Zhang & Rajagopolan，2004）[3][4]。池国华等人（2013）认为，总资产报酬率决定了企业可以将多少资金用于创新战略中的研发活动，并且也会影响到市场和投资者对下一年度企业价值的评估[5]。因此，本书沿用以往的文献，用上一期的总资产报酬率来衡量上市家族企业的绩效表现。

同时，在稳健性检验中，本书将企业的总资产报酬率替换为息税前利润（Earnings Before Interest and Tax）。张建君和张闫龙（2016）的研究指出，由于各个家族企业具有不同的资本结构与适用税率，因此，在扣除了

---

[1] Burton M. D., Beckman C. M. Leaving a legacy: Position imprints and successor turnover in young firms [J]. American Sociological Review. 2007, 72(2): 239–266.

[2] 张建君,张闫龙. 董事长—总经理的异质性、权力差距和融洽关系与组织绩效[J]. 管理世界. 2016(1):110–120.

[3] Shen W., Cannella Jr. A. A. Revisiting the performance consequences of CEO Par Chiession: The impacts of ParChiessor type, Post-ParChiession senior executive turnover and departing CEO tenure [J]. Academy of Management Journal. 2002, 45(4): 717–733.

[4] Zhang Y., Rajagopalan. N. When the known devil is better than an unknown God: An empirical study of the antecedents and consequences of relay CEO ParChiessions [J]. Academy of Management Journal. 2004, 47(4): 483–500.

[5] 池国华,王志,杨金. EVA考核提升了企业价值吗?——来自中国国有上市公司的经验证据[J]. 会计研究. 2013(11):60–66.

利息和税收之后,企业的利润收入能够更好地衡量其真实绩效①。同样地,在稳健性检验中使用的仍然是上一年度的企业息税前利润。

2. 资本结构

林钟高等人(2011)的研究发现,企业的资本结构,即资产负债率水平与研发投资水平之间存在很大关联,但究竟是正向关联还是负向关联,目前的实证结果给出了完全相反的结论②。一方面,Jensen 和 Meckling(1976)、Grossman 和 Hart(1982)认为,债务融资可以为企业减少代理成本,增加外部监督,督促高层管理者做出更好的投资决策③④;另一方面,Cyert 和 March(1963)、Balakrishnan 和 Fox(1993)却从财务松弛和资产专用的角度提出,债务融资对研发投资有着消极影响⑤⑥;Kang(2005)的研究还指出,企业的负债率与研发投资之间是 U 型关系,而非简单的线性关系⑦,投资研发又会进一步影响企业的价值。

从上述可以看出,企业的负债率对研发投资和企业价值存在着比较复杂的影响。为了防止企业的资本结构干扰本书对于亲缘关系对企业价值影响机制的研究,因此必须在理论模型中加入资本结构这个控制变量。本书以企业的资产负债率衡量其资本结构,在数据收取方面具有很大的便利性。

---

① 张建君,张闫龙. 董事长—总经理的异质性、权力差距和融洽关系与组织绩效[J]. 管理世界,2016(1):110-120.

② 林钟高,刘捷先,章铁生. 企业负债率、研发投资强度与企业价值[J]. 税务与经济. 2011(6):1-11.

③ Jensen M. C. , William H. Meckling, Theory of the firm, managerial behavior, agency costs and ownership structure[J]. Journal of Financial Economics. 1976,3(4):305-360.

④ Grossman S, Hart O. Corporate financial structure and managerial incentives[M]//MCCALL J. TheEconomics of Information and Uncertainty. Chicago:University of Chicago Press. 1982.

⑤ Cyert R. M. , March J. G. A behavioral theory of the firm[M]. 2nd ed. Englewood Clifyfs:Prentice Hall. 1963.

⑥ Balakrishnan S. , Fox I. Asset specificity, firm heterogeneity and capital structure[J]. Strategic Management Journal. 1993,14(1):3-16.

⑦ Kang S. C. Three essays on the strategic effects of debt on firms′ R&D decisions[D]. Indiana University. 2004.

3. 企业规模

于君博等人（2007）的研究发现，企业的规模大小与研发投入强度存在正相关关系。大企业拥有雄厚的研发资本、充足的研发人员、有保障的资金来源和承受创新失败的抗风险能力①。而规模较小的企业则可能不具备长期支持研发投入的资源。同时，在一般情况下，企业规模与企业价值之间也存在正相关关系。因此，在考虑家族企业的研发强度和企业价值时，有必要将企业规模纳入控制变量。

本书用员工总人数来衡量家族企业的规模大小。不用企业销售收入的原因已在前文说明，此处不再赘述。参照 Amato 和 Amato（2007）的研究，这里用企业每个年度的员工人数的自然对数来代表企业规模②。

4. 亲属规模

当家族成员参与家族企业的经营管理时，他们往往既拥有家族企业的股权，又在企业的董事会、监事会、高管层或核心技术人员中担任重要职位。当家族成员在家族企业中集聚时，意味着所有权和控制权的集中。因此，家族成员的总人数与企业的控制权息息相关。

基于此，本书通过虚拟变量对亲属总人数加以控制。在理论模型中，对其中一个亲属人数赋值为 1，则对其他亲属人数赋值为 0。通过虚拟变量而非连续变量控制家族成员规模的原因在于，本书认为家族成员的人数差异在家族企业中发挥着不同的影响，并非如连续变量一样形成等量差序的格局。例如，家族企业核心层中有 3 位亲属和 4 位亲属的差异并不只是少一位亲属而已。

5. 董事长是否兼任总经理

张燧等人（2003）指出，中国的家族企业发展历史较为短暂，可以追

---

① 于君博,舒志彪. 企业规模与创新产出关系的实证研究[J]. 科学学研究. 2007(2):373 – 380.

② Amato L., Amato. C. The effects of firm size and industry on corporate giving [J]. Journal of Business Ethics. 2007,72(3): 229 – 241.

溯到改革开放政策颁布初期,即 20 世纪 70 到 80 年代①。徐鹏和宁向东(2011)更进一步提出,尤其在创业板和中小板上市的家族企业,可能还处在家族企业发展的第一阶段②,尚未发生权力的转移与交接,因此很多企业的董事长都是家族企业的创始人本身。创始人的身份赋予董事长更为深刻的意义。

已有的文献表明,与企业中的其他高管相比,创始人具有更大的权力和威望③。创始人首先拥有家族企业的一大部分股权,可以左右家族企业的商业决策;其次,创始人往往是家族企业的精神领袖,设定了企业发展的愿景和目标,塑造了家族企业不同于其他企业的鲜明特点与文化;最后,在具体操作层面,创始人通常还主导设计、制造和推出了企业的产品,筛选、聘用和考核了企业主要的高管和员工(例如,Eisenhardt & Schoonhoven,1990;Finkelstein,1992)④⑤。

因此,如果家族企业的董事长兼任总经理,则董事长将会拥有更大的权力与责任,会对家族控制权、企业的创新战略决策和企业价值等方面产生巨大的影响,应该在理论建模中予以考虑和控制。从而,本书通过构造虚拟变量来考察家族企业的董事长是否兼任总经理,如果该职位为同一人兼任,则编码为 1;如果该职位为二人担任,则编码为 0。

6. 董事会规模

陆智强和李红玉(2012)的研究发现,企业的董事会规模对企业内部

---

① 张燃,侯光明,李存金. 论家族企业发展的路径依赖及创新[J]. 中国软科学. 2003(10):67-71.

② 徐鹏,宁向东. 家族化管理会为家族企业创造价值吗?——以中小板家族上市公司为例[J]. 科学学与科学技术管理. 2011(11):144-151.

③ 张建君,张闫龙. 董事长—总经理的异质性、权力差距和融洽关系与组织绩效[J]. 管理世界,2016(1):110-120.

④ Eisenhardt K. M. ,Schoonhoven C. B. Organizational growth:Linking founding team, strategy and growth among U. S. semiconductor ventures,1978-1988 [J]. Administrative Science Quarterly. 1990(35):504-529.

⑤ Finkelstein S. Power in top management teams:Dimensions, measurement and validation [J]. Academy of Management Journal. 1992,35(3):505-538.

的监督强度有正向影响①，董事会人数的增加为企业增加了决策所需的知识面和资源库。同时，刘胜强和刘星（2010）的研究表明，董事会规模对企业的研发投资行为也存在一种"低水平陷阱"的门槛效应，当董事会规模超过某个临界值时，其与企业研发投资的关系呈现出倒U型的态势②。还有杜勇等人（2014）的研究表明，在农业上市公司中，董事会规模对企业价值有显著的负向影响③。因此，董事会规模大小会对家族企业的决策产生影响，应该将其纳入理论模型加以控制。参照张建君和张闫龙（2016）的研究，本书用董事会的总人数来衡量家族企业的董事会规模④。

7. 观测年度

本书的数据样本中包含了从2004年到2014年在中小板和创业板中上市的家族企业数据，这样的数据结构中包含时间序列，同一家企业每年的观测值之间存在较高的自相关性。如果不对样本中每一条观测值的观测年度加以控制，就会干扰到后续的模型检验。因此，本书通过虚拟变量对家族企业的经营年份加以控制。在理论模型中，其中一个经营年份赋值为1，则其他经营年份赋值为0。

8. 企业所属行业

上市家族企业所处的行业不同，可能对其各方面产生比较大的影响。行业具有各种各样的特征，处于各不相同的经济环境之中，拥有特殊的行业周期效应，展现不同水平的竞争强度和行业集中度（例如，梅波，

---

① 陆智强，李红玉. 监督强度、决策效率与董事会规模——来自中国上市公司的经验证据[J]. 上海经济研究. 2012(11): 34 – 44.
② 刘胜强，刘星. 董事会规模对企业R&D投资行为的门槛效应分析——基于制造业和信息业面板数据的经验证据[J]. 预测. 2010(6): 32 – 37.
③ 杜勇，刘建徽，杜军. 董事会规模、投资者信心与农业上市公司价值[J]. 宏观经济研究. 2014(2): 53 – 62.
④ 张建君，张闫龙. 董事长—总经理的异质性、权力差距和融洽关系与组织绩效[J]. 管理世界. 2016(1): 110 – 120.

2013；周瑜胜和宋光辉，2016；余颖和陈琦伟，2001）[1][2][3]，对企业控制权的配置、效率、利益都存在影响，对企业研发创新的需求处于差异较大的水平，行业中孕育的机会和风险也左右着企业价值的创造。

因此，本书通过虚拟变量对家族企业所处的行业加以控制。本书采用的行业划分是依据中华人民共和国国家统计局颁布的行业划分标准[4]。由于本书的数据样本中仅包含数百家企业，因此并未涵盖国家统计局的全部20个行业，而是仅仅包含农林牧渔，采矿业，制造业，建筑业，批发零售业，交通运输、仓储和邮政业，信息传输、软件和信息技术服务业，房地产业，租赁和商务服务业，科学研究和技术服务业，水利、环境和公共设施管理业，居民服务、修理和其他服务业，卫生和社会工作业，以及文化、体育和娱乐业这14个行业。在理论模型中，对其中一个行业赋值为1，则对其他13个行业赋值为0。

9. 总部所在地区

上市家族企业总部所在的地区也会对该企业产生比较大的影响。首先，郝敬鑫等人（2010）指出，各个区域不同的经济发展阶段对企业具有不同影响[5]。其次，邹国庆和倪昌红（2010）的研究发现，区域制度环境的不同也会极大影响家族企业的经营现状[6]。最后，于晓宇（2011）发现，不同区域的文化也会潜移默化地影响企业的经营环境[7]。

因此，本书通过虚拟变量对家族企业总部所处的区域加以控制。本书

---

[1] 梅波. 制度环境、行业周期效应与控制权和现金流权[J]. 经济与管理. 2013(5):66-74.
[2] 周瑜胜,宋光辉. 公司控制权配置、行业竞争与研发投资强度[J]. 科研管理. 2016(21):122-131.
[3] 余颖,陈琦伟. 行业集中度与公司控制权市场效率[J]. 当代经济科学. 2001(2):7-10.
[4] 中华人民共和国国家统计局网站：http://www.stats.gov.cn/tjsj/tjbz/xzqhdm/201608/t20160809_1386477.html
[5] 郝敬鑫,徐彪,张珣. 区域背景影响企业绩效研究——基于工业制造企业绩效的方差成分分析[J]. 华东经济管理. 2010(11):59-64.
[6] 邹国庆,倪昌红. 经济转型中的组织冗余与企业绩效：制度环境的调节作用[J]. 中国工业经济. 2010(11):120-129.
[7] 于晓宇. 企业创新战略决策的决定因素——基于区域文化的视角[J]. 科技进步与对策. 2011(18):69-74.

采用的区域划分是依据中华人民共和国国家统计局颁布的区域划分标准①。数据样本中的企业涵盖了我国的七大区域,即华东地区、华中地区、华南地区、华北地区、东北地区、西北地区和西南地区(因数据收集的时间和条件问题,本书并未采集港澳台地区的上市家族企业数据资料)。在理论模型中,其中一个地区赋值为1,则其他6个地区赋值为0。

综上所述,本书中所有变量的定义和取值方法如表3-1所示。

表3-1 变量定义和取值方法

变量类别	变量符号	变量含义	变量取值方法及说明
因变量	$FirmV_{t+1}$	企业价值	滞后一期的企业价值(剔除货币资金),单位为万元
自变量	$Spouse$	配偶关系	衡量企业高管中是否存在创始人的配偶;存在则取值为1,不存在则取值为0
	$ParChi$	亲子关系	衡量企业高管中是否存在创始人的亲生子女;存在则取值为1,不存在则取值为0
	$Sibling$	兄弟姐妹关系	衡量企业高管中是否存在创始人的亲兄弟姐妹;存在则取值为1,不存在则取值为0
	$Cousin$	堂/表兄弟姐妹关系	衡量企业高管中是否存在创始人的堂/表兄弟姐妹;存在则取值为1,不存在则取值为0
	$Chilaw$	姻亲亲子关系	衡量企业高管中是否存在创始人的姻亲子女,即儿媳或女婿;存在则取值为1,不存在则取值为0
	$Sibinlaw$	姻亲兄弟姐妹关系	衡量企业高管中是否存在创始人的姻亲兄弟姐妹,包括兄弟姐妹的配偶、配偶的兄弟姐妹和配偶的兄弟姐妹的配偶;存在则取值为1,不存在则取值为0
中介变量	$OwnS$	家族控制权	企业前五位股东的股权比例,单位为%
	$R\&D$	创新投入	企业研发投入的费用,单位为万元
调节变量	$Grow$	企业成长性	企业主营业务收入增长率,单位为%

---

① 可参考中华人民共和国国家统计局网站:http://www.stats.gov.cn/tjsj/tjbz/hyflbz/.

续表

变量类别	变量符号	变量含义	变量取值方法及说明
控制变量	ROA_{t-1}	总资产报酬率	企业前一年度的总资产报酬率，单位为%
	DAR	资产负债率	企业负债总额与资产总额的比率，单位为%
	LnEmpN	员工总人数	企业员工总人数的自然对数
	RelN	亲属总人数	企业高管中家族亲属的总人数
	Adjun	董事长是否兼任总经理	虚拟变量，董事长兼任总经理取值为1，董事长不兼任总经理取值为0
	DirN	董事会人数	家族企业的董事会总人数
	Year	观测年度	每个观测值所在的年度虚拟变量；每一年度相对于其他年度取1，其他年度取0
	Indu	企业所属行业	按照国家统计局的分类，企业所属的行业虚拟变量；每一行业相对于其他年份取1，其他行业取0
	Prov	总部所在地区	企业总部所在的省份虚拟变量，每一年份相对于其他年份取1，其他年份取0

资料来源：作者整理。

需要注意的是，异常值的存在常常能够影响对变量之间关系的准确判定，因此，为了排除异常值对面板数据回归结果的不正常干扰，本书参照张建君和张闫龙（2016）的数据处理方法，对企业价值、家族控制权、创新战略、企业成长性、总资产回报率、资产负债率等变量都使用了2.5%的缩尾调整（Winsorization）方法，即将面板数据两端2.5%分位数以下和97.5%分位数以上的数据都各自重新赋予了2.5%分位数值和97.5%分位数值[1]。Delmar和Wiklund（2008）在研究中指出，这样的转换使得面板数据样本的效度更高，并且不会对原始的数据分布造成过多和不良的影响[2]。

---

[1] 张建君,张闫龙. 董事长—总经理的异质性、权力差距和融洽关系与组织绩效[J]. 管理世界. 2016(1):110-120.

[2] Delmar F., Wiklund J. The effect of small business managers' growth motivation on firm growth: A longitudinal study. Entrepreneurship Theory and Practice. 2008,32(3):437-457.

3.2 数据来源

本次研究的主要数据来自于中国上市企业的实际经营情况。由于家族企业的数据较难获得，因此本文的数据主要包括两个部分。第一部分是 Wind 数据库中从 2004 年到 2014 年中国上市家族企业的公开资料，包括企业价值、家族控制权、创新战略投入、企业成长性、总资产报酬率、资产负债率、员工总人数、董事会人数、企业所在行业、总部所在地区等数据信息均是从 Wind 数据库中获得。为了保证数据的准确性和补充缺失值，本书还通过国泰安（CSMAR）数据库、中国锐思数据库（Resset Database）以及北京大学中国经济研究中心（CCER）进行随机比对和补充，例如检查了上述数据库中常用数据的一致性[1]。具体而言，企业价值、家族控制权、企业成长性、总资产报酬率、资产负债率、员工总人数、员工董事会人数、企业所在行业、总部所在地区等来自于中国深圳证券交易所中小板和创业板；而创新战略投入数据来自于财表附注中的研发费用栏目。

第二部分是关于中国上市家族企业亲缘关系的数据，由于这部分数据并未收录在任何商业数据库中，因此需要手工收集。根据上市家族企业的年报、招股说明书、董事会决议、监事会决议、公开信件等中，企业根据证监会的要求所披露的董事长个人信息以及董事长亲属信息及其在企业内部的任职情况，本文确定和整理了中国上市家族企业亲缘关系的构成情况。配偶关系、亲子关系、堂/表兄弟姐妹关系、姻亲亲子关系、姻亲兄弟姐妹关系、董事长是否兼任总经理、亲属总人数等数据信息均来自对上市家族企业信息的手工采集。为了保证数据的准确性，本书随机抽取了数十家家族企业进行重复采集，以核对手工收集数据的准确性。同时，本书还根据巨潮资讯网提供的各企业的"董事、监事、高级管理人员和员工情况"进行了信息比对。

---

[1] 张建君，张闫龙. 董事长—总经理的异质性、权力差距和融洽关系与组织绩效[J]. 管理世界. 2016(1):110-120.

关于本书的数据筛选，有以下几点需要说明：第一，本书从中国深圳证券交易所的中小板和创业板的所有上市企业中筛选家族企业，选择中小板和创业板的原因在于，在主板上市的很多企业都曾有政府或国家资产的背景，而中小板和创业板中企业的成长与发展较少受到政府的影响。第二，根据本书前面对家族企业的定义，在中小板和创业板的企业中，本书筛选出家族持股比例大于或等于10%的企业作为家族企业样本，并且家族企业中必须至少有一位家族成员在董事会、监事会、高管层或核心技术层中担任职务。第三，为了验证董事长的亲缘关系对企业的影响作用，保证亲缘关系的指向性没有发生错误，本书剔除了董事长与实际控制人不是同一人的情况①。第四，由于本书考察企业成长性，即企业主营业务收入增长率的调节作用，因此数据样本还剔除了主营业务发生变更的企业。第五，由于本书收集的是中国上市家族企业2004—2014年的数据信息，因此，样本中仅保留在2014年1月之前在创业板和中小板上市的家族企业。

依据上述对数据样本的筛选规则，本书总共收集了包含435家家族企业、1941条观察值的面板数据样本。每条观察值以企业股票代码和年份形成唯一的识别代码。同时，由于关键变量创新战略存在缺失值，在剔除了缺失值后，最后得到了由435家企业和1711条观察值组成的面板数据样本。表3-2中是本书最终收集的面板数据的样本结构。需要注意的是，因为本文以面板数据为基础，所以表3-2的样本数据结构是以观测值（Observation，即每个时间上每家企业的取值）为基础，而非基于观测群组（Group of Observation，即每家企业）进行统计，表内的频数和频率是基于2004年到2014年的均值计算的，而非每一年度的截面数据。为了对数据结构有一个全面的把握，表3-2汇报了在执行2.5%缩尾调整之前的面板数据。

---

① 于晓东. 亲缘关系对家族企业资产结构及绩效影响研究——基于委托代理理论和社会情感价值理论的视角[D]. 北京：中国人民大学，2016.

表 3-2 数据样本结构

名称	范围	频数	频率	名称	范围	频数	频率
企业价值	5 亿元（含）以下	5	0.25%	省份	华东地区	1027	52.91%
	5 亿元至 10 亿元（含）	106	5.46%		华南地区	239	12.31%
	10 亿元至 50 亿元（含）	1331	68.57%		华中地区	169	8.71%
	50 亿元至 100 亿元（含）	316	16.28%		华北地区	136	7.01%
	100 亿元人以上	183	9.42%		东北地区	43	2.22%
股东人数	1 千人（含）以下	319	17.06%		西北地区	18	0.93%
	1 千人至 1 万人（含）	497	26.58%		西南地区	54	2.78%
	1 万人至 5 万人（含）	1014	54.22%	行业	农林牧渔	43	2.18%
	5 万人至 10 万人（含）	34	1.82%		采矿业	7	0.35%
	10 万人以上（含）	6	0.32%		制造业	1638	84.06%
创新投入	500 万元（含）以下	132	0.77%		建筑业	41	2.07%
	500 万元至 1 千万元（含）	263	15.37%		批发零售	43	2.19%
	1 千万元至 5 千万元（含）	1019	59.56%		交通运输、仓储和邮政业	14	0.70%
	5 千万元至 1 亿元（含）	193	11.28%		信息传输、软件和信息技术服务业	79	4.07%
	1 亿元以上	89	0.53%		房地产业	15	0.77%
主营业务增长率	0%（含）以下	342	17.62%		租赁和商务服务业	7	0.35%
	0% 至 10%（含）	334	17.21%		科学研究和技术服务业	19	0.95%
	10% 至 50%（含）	1020	52.65%		水利、环境和公共设施管理业	6	0.30%
	50% 至 100%（含）	199	10.25%		居民服务、修理和其他服务业	11	0.59%
	100% 以上	46	2.37%		卫生和社会工作	9	0.47%
资产收益率	0%（含）以下	67	0.35%		文化、体育和娱乐业	19	0.95%
	0% 至 10%（含）	1269	65.38%	亲属人数	1 人	1089	56.11%
	10% 至 20%（含）	537	27.67%		2 人	647	33.38%
	20% 至 30%（含）	32	1.65%		3 人	182	9.39%
	30% 以上	9	0.46%		4 人	20	1.03%

续表

名称	范围	频数	频率	名称	范围	频数	频率
资产负债率	0%至20%（含）	549	28.28%	配偶关系	存在家族企业之中	568	29.26%
	20%至40%（含）	709	47.55%		不在家族企业之中	1373	70.74%
	40%至60%（含）	499	25.71%	亲子关系	存在家族企业之中	728	37.51%
	60%至80%（含）	175	9.02%		不在家族企业之中	1231	63.42%
	80%至100%（含）	9	4.64%	兄弟姐妹关系	存在家族企业之中	751	38.69%
员工人数	500人（含）以下	306	17.02%		不在家族企业之中	1190	61.31%
	500人至1千人（含）	538	29.92%	堂/表兄弟姐妹关系	存在家族企业之中	106	5.46%
	1千人至2千人（含）	448	24.92%		不在家族企业之中	1835	94.54%
	2千人至5千人（含）	384	21.36%	姻亲亲子关系	存在家族企业之中	108	5.56%
	5千人以上	121	6.73%		不在家族企业之中	1833	94.44%
董事长是否兼任总经理	兼任	718	36.99%	姻亲兄弟姐妹关系	存在家族企业之中	604	31.12%
	不兼任	1223	63.01%		不在家族企业之中	1337	68.88%

注：1. 按照中华人民共和国行政区划，我国可划分为七大区域，分别是华东区域（上海市、山东省、江苏省、浙江省、安徽省、江西省、福建省）、华南区域（广东省、广西壮族自治区、海南省）、华中区域（湖北省、湖南省、河南省）、华北区域（北京市、天津市、河北省、山西省、内蒙古自治区）、东北区域（黑龙江省、吉林省、辽宁省）、西北区域（陕西省、甘肃省、青海省、宁夏回族自治区、新疆维吾尔族自治区）以及西南区域（重庆市、四川省、贵州市、云南省、西藏自治区）。行政区划可以参考中华人民共和国国家统计局截至2015年9月30日的最新区划版本①。本书因为数据样本的有限性，未将香港特别行政区、澳门特别行政区和台湾省的数据包含在内，特此说明。

2. 按照中华人民共和国国家统计局的国民经济行业分类（GB/T 4754 - 2011），我国现在共有20个行业，具体可以参考国家统计局网站②。

从表3-2中可以看出本书的数据样本结构具有以下特点。从企业价值的分布来看，大部分家族企业在2004—2014年之间的价值大致在10亿元到50亿元的范围内，价值在10亿元以上的企业所占比重超过94%。这表

---

① 中华人民共和国国家统计局网站：http://www.stats.gov.cn/tjsj/tjbz/xzqhdm/201608/t20160809_1386477.html.

② 中华人民共和国国家统计局网站：http://www.stats.gov.cn/tjsj/tjbz/hyflbz/.

明，中国创业板和中小板中的上市家族企业还是颇具实力的。

从股东人数来看，54.22%的家族企业拥有股东1万~5万人，将近98%的企业将股东人数控制在5万人以内。除了企业规模导致的因素以外，家族对股权集中度的控制也导致了企业的股东人数不可能无限制地扩大。将近44%的家族企业将股东人数保持在1万人以下。虽然这个数字并不是基于横截面板，企业在统计期间也会经历扩张和发展，但可以看出股东人数还是被严格控制着。

从创新投入来看，在统计期间59.56%的家族企业的创新投入在1千万到5千万元，只有不到1%的家族企业创新投入低于500万元，12%的企业创新投入在5千万元以上。可见我国的家族企业对于创新战略的重视程度，已经呈现出良好的发展势头。

从企业成长性，即企业的主营业务增长率来看，2004—2014年，主营业务的稳定、正向增长对大多数企业来说是一种常态。家族企业经历主营业务增长率下跌的情况只占17.21%左右，而企业成长性的下降并不意味着企业的亏损，可能也包含中国经济和行业的阶段性调整。可以看到，即使经历着中国经济大环境的动态变化，绝大多数家族企业仍然保持着高速发展。

从资产收益率来看，在2004—2014年，仅有0.35%的情况是家族企业遭遇了亏损。大部分家族企业这些年的资产收益率在0%到10%；在近30%的情形中，家族企业的资产回报率达到了10%以上。我国家族企业的资产收益率明显高于我国国有上市企业和民营上市非家族企业。

从资产负债率来看，我国上市家族企业的选择较为多元化：近半数情形是选择在20%-40%的水平上负债经营；在0%-20%和40%-60%的水平上负债经营情形分布较为平均；在将近14%的情况中，上市家族企业采用了高杠杆率，负债达到60%以上。家族企业对债务杠杆的应用可能和董事会、监事会以及高管人员对风险的容忍度息息相关，因此并没有显示出较为明显的倾向性。

从企业规模来看，在2004—2014年，大多数上市家族企业的员工人数都在五千人以下。根据我国在 2011 年制定的《中小企业划型标准规定》，仅考虑员工人数而言，我国上市家族企业的规模中以大型和中型企业居多，超大型企业较少，巨型企业形态尚不多见。

从董事长是否兼任总经理来看，不到 2/3 的情况中，董事长和总经理的职位由两人担任并各司其职，但也有超过 1/3 的情况中，董事长和总经理是由同一人担任的。这样的情形多见于家族企业的初期发展阶段以及家族控制权需要高度集中的时期。

从我国上市家族企业总部所处的省份来看，由于企业总部的省份不易改变，因此和横截面数据的统计结果较为接近。可以看出，超过半数的家族企业都位于华东地区，处于遥遥领先的地位，这和我国东部沿海地区经济较为发达以及家族经商历史悠久关系密切。华南地区、华北地区和华中地区的上市家族企业数量居于其次；东北地区、西北地区和西南地区的上市家族企业数量最少。正是由于上市家族企业在各个地区的情况差异较大，因此在后文的研究模型中，本书对家族企业总部所处地区进行了控制。

从上市家族企业所处的行业来看，可以发现制造业所占比重最高，其他行业所占的比重与制造业相比微乎其微。这和我国在改革开放政策下和计划经济向市场经济转型中大力发展第二产业有很大关系。不过从表 3-2 中也可以发现，从事信息传输、软件和信息技术服务业的上市家族企业也正在崛起，这样的趋势更加符合时代的潮流变化。

从家族企业的董事会、监事会和高管层中的亲属人数总数来看，只有 1 位家庭成员的情形较多，有 2 位家庭成员的情形居于其次，3~4 位家庭成员的情形最少，并且在本书数据样本所包含的时间跨度中，没有任何家族企业在董事会、监事会、高管层或核心技术层中引入超过 4 位亲属。可以发现，上市家族企业对于亲缘关系对家族企业的涉入也是处于严格控制的状态。

从六种主要的亲缘关系在上市家族企业的董事会、监事会、高管层或核心技术层中出现的比重来看，四种最常见的关系依次是兄弟姐妹关系、亲子关系、姻亲兄弟姐妹关系和配偶关系。堂/表兄弟姐妹关系和姻亲亲子关系在上市家族企业出现率较低。由此可见，家族企业还是较为依赖近亲以及同代姻亲。

综上，本书的数据样本结构初步反映了创业板和中小板上市家族企业的一些特点，触发了对于上市家族企业亲缘关系、家族控制权、创新战略投入和企业价值的一些思考，更为深层次的观点提出还需要依靠假设检验的发现以及由此引发的讨论。

第4章 研究假设与研究模型

4.1 研究假设

4.1.1 亲缘关系与家族控制权

La Porta 等人（1999）、Wiwattanakantang（2001）和贺小刚等人（2010）都发现，当家族企业在核心层中引入家族成员后，这些家族成员对家族企业的控制主要包括三种方式：进行股权控制、掌握权力机构、构造金字塔或交叉持股的股权结构[①②③]。当实际控制人通过上述手段确立对家族企业的掌控后，贺小刚和连燕玲（2009）认为，虽然家族企业中一般都只有一位实际控制人，或者称为"企业主"，拥有家族和家族企业中最核心的权威，但是家族成员之间也会适当地配置一些权威或控制权[④]。当家族控制权的安排不恰当时，甚至会引起家族成员对控制权的争夺，削弱整个家族对企业的控制力。

据此，本书提出：

假设1：亲属进入家族企业核心层会影响家族企业的控制权。

---

① Porta R., Lopez-de-Silanes F., Shleifer A. Corporate ownership around the world [J]. The Journal of Finance. 1999, 54(2): 471-517.

② Wiwattanakantang Y. Controlling shareholders and corporate value: Evidence from Thailand [J]. Pacific-Basin Finance Journal. 2001, 9(4): 323-362.

③ 贺小刚,连燕玲,李婧,梅琳. 家族控制中的亲缘效应分析与检验[J]. 中国工业经济. 2010(1): 135-146.

④ 贺小刚,连燕玲. 家族权威与企业价值:基于家族上市公司的实证研究[J]. 经济研究. 2009(4): 90-102.

由于中国家族企业中主要包含六种亲缘关系，即配偶关系、亲子关系、兄弟姐妹关系、堂/表兄弟姐妹关系、姻亲亲子关系以及姻亲兄弟姐妹关系。因此，该假设又具体包含以下六个子假设：

左勇华和黄吉焱（2016）发现，在我国，大部分民营企业都是从小本生意起家的，创业企业家将资金投入小规模的生产，获利之后又再度投入资金扩大生产，从而完成了家族企业的原始积累①。在家族企业创业初期，最为重要的资源之一就是人力资本，创业企业家需要寻找到经验、动机和技能都最为合适的伙伴或员工②。Eisenhardt 和 Schoonhoven（1990）、Beckman（2006）都认为，人力资本在很大程度上决定了企业能否取得成功③④。Dyer（2012）等人发现，由于找到合适的工作伙伴往往非常困难，因此创业企业家常常会找来自己最熟悉的人——自己的配偶，他们愿意并且有能力帮助自己经营企业⑤。由于配偶从一开始就参与家族企业的创立、经营和管理，他们通常都拥有家族企业的部分所有权和管理权。

Poza 和 Messer（2001）认为，即使配偶并未从一开始参与家族企业的事务，他们通常也拥有家族企业的所有权，并能够在一定程度上影响家族企业业主的决策⑥。这是因为在正常的、健康的婚姻关系中，配偶之间因为共享的价值观、兴趣和目标而关系融洽，创业企业家将股权和管理权配置给配偶，实际上还是加强了家族对企业的控制。即使婚姻遭遇问题的配偶之间，还是会被共同的利益捆绑在一起，选择在家族控制权的问题上

---

① 左勇华,黄吉焱. 家族企业、成员身份与组织行为[J]. 科学·经济·社会. 2016(2):72-76.

② Dyer W. G., Dyer W. J., Gardner R. G. Should my spouse be my partner? Preliminary evidence from the Panel Study of Income Dynamics [J]. Family Business Review. 2013, 26(1): 68-80.

③ Eisenhardt K. M., Schoonhoven C. B. Organizational growth: Linking founding team, strategy, environment, and growth among US semiconductor ventures. 1978-1988 [J]. Administrative science quarterly. 1990(35):504-529.

④ Beckman C. M. The influence of founding team company affiliations on firm behavior [J]. Academy of Management Journal. 2006, 49(4): 741-758.

⑤ Dyer W. G., Dyer W. J., Gardner R. G. Should my spouse be my partner? Preliminary evidence from the Panel Study of Income Dynamics [J]. Family Business Review. 2013, 26(1): 68-80.

⑥ Poza E. J., Messer T. Spousal leadership and continuity in the family firm [J]. Family Business Review. 2001, 14(1): 25-36.

"一致对外"。

据此，本书提出：

假设1a：配偶进入家族企业核心层有助于提升家族企业的控制权。

郭萍（2015）的研究发现，子女进入家族企业的董事会、监事会、管理层和核心技术层通常发生在他们将要成年或已经成年的时期①。家族企业将子女引入的目的基本上都是为了在未来他们能够顺利地继承家族企业。一方面，家族企业会将一部分股权分配给子女②，以避免在未来一次性作为遗产交给子女时需要上缴一笔巨额税款，同时将基于所有权的家族权威让渡给子女，使得未来的企业权力交接更为顺利。

另一方面，家族企业也会在企业内部为子女预留出高层管理岗位，这样做既能够培养子女与家族企业元老们的默契，也能够考察子女是否具有接任家族企业掌门人的能力，这在多子女的家族中更为明显③。除此之外，为了使子女与家族企业的融合更加顺利，家族还会花重金集中优质教育资源，送子女去海内外高等学府学习企业经营管理所需的专门知识和核心技术。子女的进入显然增强了家族对企业的控制。

据此，本书提出：

假设1b：子女进入家族企业核心层有助于提升家族企业的控制权。

通常情况下，在生育多个孩子的家庭中，兄弟姐妹一起长大，家庭成员之间互动频率较高，比较了解彼此之间的性格特点，也容易共享一些价值观、兴趣和追求④。在家族企业创立初期，兄弟姐妹往往是除了配偶以外，参与经营和管理企业的最佳人员。与外人相比，兄弟姐妹对于家族企业更加富有责任心、使命感和荣誉感。将兄弟姐妹引入家族企业，一般都会配置特定比例的所有权和管理权，这使得家族企业的控制权增强。

Aronoff等人（1997）、Ward（2004）和Jimenez（2009）的研究都发

---

① 郭萍.独生子女家族企业的传承研究：基于比较的视角[J].理论月刊.2015(3)：132-136.
② Handler W. C. Succession in family business：A review of the research [J]. Family Business Review. 1994，7(2)：133-157.
③ 郭萍.独生子女家族企业的传承研究：基于比较的视角[J].理论月刊.2015(3)：132-136.
④ 郭萍.独生子女家族企业的传承研究：基于比较的视角[J].理论月刊.2015(3)：132-136.

现，在家族企业面临代际传承时期，生育多个孩子的家庭通常不会根据子女的个人能力而任命他们，而是会尽量依据公平的原则将家族企业的所有权和管理权分配给子女。越来越多的家族企业被传承给由兄弟姐妹组成的管理团队或者由兄弟姐妹共享的股权结构[1][2][3]。一般情况下，家族成员涉入企业董事会、监事会、高管层和核心技术层的人数越多，则家族对企业的掌控越强。

据此，本书提出：

假设1c：兄弟姐妹进入家族企业核心层有助于提升家族企业的控制权。

Gersick 等人（1997）和 Rutherford 等人（2006）的研究认为，堂/表兄弟姐妹进入家族企业进行联合控制和管理是家族企业发展的第三个阶段[4][5]。Schulze 等人（2003）发现，一般情况下，都是在家族企业创始人的第三代之后开始进入由堂/表兄弟姐妹财团型联合控制的阶段[6]。Miller 和 Le Breton - Miller（2006）提出，虽然堂/表兄弟姐妹的加入使得较多的家族成员涉入家族企业，增加了家族企业的复杂性[7]，但是很少有家族企业考虑修建"家族树"，以将家族股权集中在堂/表兄弟姐妹或兄弟姐妹个人/集团手中[8]。

---

[1] Aronoff C. E., Astrachan J. H., Mendosa D. S., Ward J. L. Making sibling teams work: The next generation (Family Business Leadership Series) [M]. Marietta, CA: Family Enterprise. 1997.

[2] Jimenez R. M. Research on women in family firms: Current status and future directions. Family Business Review [J]. 2009(22): 53 - 64.

[3] Ward J. L. Perpetuating the family business. 50 lessons learned from long - lasting successful families in business [M]. New York, NY: Palgrave Macmillan. 2004.

[4] Gersick K., Davis J., Hampton M., Lansberg I. Generation to generation: Life cycles of the family business [M]. Boston, MA: Harvard Business School Press. 1997.

[5] Rutherford M. W., Muse L. A., Oswald S. L. A new perspective on the developmental model for family business [J]. Family Business Review. 2006, 19(4): 317 - 333.

[6] Schulze W. S., Lubatkin M., Dino R. Dispersion of ownership and agency in family firms [J]. Academy of Management Journal. 2003(46): 179 - 194.

[7] Miller D., Le Breton - Miller I. Family governance and firm performance: Agency, stewardship, and capabilities [J]. Family Business Review. 2006, 19(1): 73 - 87.

[8] Lansberg I. Succeeding generations. Realizing the dream of families in business [M]. Boston, MA: Harvard Business School Press. 1999.

Nicholson（2008）发现，与美国相比，由堂/表兄弟姐妹共同经营的家族企业在亚洲、欧洲和拉丁美洲数量更多①。在中国，1966年计划生育被定为基本国策，80年代第一批独生子女出生，到现在已经基本上成长到而立之年，在家族企业核心层中担任重要职务。计划生育政策减少了家庭中的孩子数量，一定数量的孩子不再拥有兄弟姐妹，取而代之的是与堂/表兄弟姐妹的关系较为亲密，因此堂/表兄弟姐妹之间常常共享所有权和管理权，以增强家族对企业的控制。

据此，本书提出：

假设1d：堂/表兄弟姐妹进入家族企业核心层有助于提升家族企业的控制权。

家族企业引入姻亲子女（儿媳或女婿）进入家族企业董事会、监事会、高管层或核心技术层的现象是比较少见的。根据Gupta和Levenburg（2010）、Barnes（1988）的研究，存在这样三种较为常见的情况：一是家族企业有时缺乏合适的继承人，将姻亲子女（特别是女婿）引入家族企业甚至继承家族企业有助于保证家族对企业的控制权②；二是家族下一代成员中既有男性，也有女性，而女性在家族企业中的角色容易受到限制，其承担整个家族和企业命运的能力常会受到质疑③，因而在家族企业中得到的所有权和管理权可能少于男性后代，为了在子女中取得平衡，以免引起家庭矛盾，通常会将女婿引入家族企业以维护女性后代的利益；三是家族企业中姻亲的缔结本身可能就是基于联姻能够带来的资源考虑，姻亲子女可以为家族企业带来资金、社会资本、能力和技术等，这些都能满足家族企业增强控制权的需要。

---

① Nicholson N. Evolutionary psychology and family business: A new synthesis for theory, research, and practice [J]. Family Business Review. 2008, 21(1): 103 – 118.

② Gupta V., Levenburg N. A thematic analysis of cultural variations in family businesses: The CASE project [J]. Family Business Review. 2010, 23(2): 155 – 169.

③ Barnes L. B. Incongruent hierarchies: Daughters and younger sons as company CEOs [J]. Family Business Review. 1988, 1(1): 9 – 21.

据此，本书提出：

假设1e：姻亲子女进入家族企业核心层有助于提升家族企业的控制权。

Donnelley（1988）认为，姻亲兄弟姐妹能够进入家族企业的董事会、监事会、高管层或核心技术层工作，一方面是因为他们拥有资本、关系、技术等方面的资源，另一方面也是因为裙带关系和特殊身份[1]。作为兄弟姐妹的配偶、配偶的兄弟姐妹或配偶的兄弟姐妹的配偶，他们是家族企业实际控制人可以给予一定信赖的人群，将他们安插在家族企业的重要岗位，可以增强家族对企业的涉入。即使姻亲兄弟姐妹的能力并不足以胜任重要职位，他们仍然能够获得较高的职位，因为与没有亲缘或姻亲关系的外人相比，他们属于家族的共同利益圈，做出伤害家族声誉和利益的行为的可能性较小，是可以信赖的左膀右臂。Gillis – Donovan 和 Moynihan – Bradt（1990）研究发现，与家族成员价值观接近的姻亲兄弟姐妹更加能够获得家族企业和家族成员的青睐[2]。

据此，本书提出：

假设1f：姻亲兄弟姐妹进入家族企业核心层有助于提升家族企业的控制权。

4.1.2 亲缘关系与创新战略

朱沆等人（2016）认为，家族企业决策的一个重要特征就是看重家族的非经济收益[3]，这些非经济收益即令家族成员在情感心理上获得满足的社会情感财富。因此，虽然创新活动是改善企业绩效、提升企业价值的重要因素，但也具有非常大的风险性和不确定性[4]，因此，家族企业也未必

---

[1] Donnelley R. G. The family business [J]. Family Business Review. 1988, 1(4): 427 – 445.

[2] Gillis – Donovan J., Moynihan – Bradt C. The power of invisible women in the family business [J]. Family Business Review. 1990, 3(2): 153 – 167.

[3] 朱沆, Eric Kushins, 周影辉. 社会情感财富抑制了中国家族企业的创新投入吗？[J]. 管理世界, 2016(3): 99 – 114.

[4] 关勇军, 瞿旻. 基于深圳中小板的家族企业与创新投入关系的实证研究[J]. 中国科技论坛. 2012(7): 38 – 43.

会像非家族企业一样，将资源投入到创新活动中以获取经济效益，而是会将非经济目标放在首位。将亲属引入家族企业核心层后，企业的家族化管理增强，企业的家族烙印更加深刻，家族成员想要"守护"的社会情感财富更多。

据此，本书提出：

假设2：亲属进入家族企业核心层会影响家族企业实施创新战略。

如前文所述，此处本书将亲缘关系具体为六种主要的类型，即配偶关系、亲子关系、兄弟姐妹关系、堂/表兄弟姐妹关系、姻亲亲子关系以及姻亲兄弟姐妹关系，提出了该假设的如下六个子假设。

Dyer等人（2012）发现，很大一部分家族企业创始人的配偶都是与其一起打拼，为家族企业奠定基础的，这部分配偶和创业企业家一起同甘共苦，经历过家族企业初创时期的艰辛，目睹家族企业资本一点点积累的不易[①]，对家族和家族企业的延续执念较深，因此，其尝试风险性较大的创新战略、为不确定的研发项目投入较多资金的可能性较低。

对于没有同家族创业者一起经历创业初期的配偶而言，由于其在家族企业经营管理方面并非元老级别，相对而言资历较浅，由其主导进行创新战略难免会受到家族企业其他人员的质疑。再者，这部分配偶往往将重心放在家庭，主要负责照顾家庭成员和维护家族和谐，保证家族已经获得的财富，通常对高风险的创新战略并没有过大的意向。

据此，本书提出：

假设2a：配偶进入家族企业核心层对家族企业实施创新战略有负向影响。

Shepherd（2000）研究发现，当子女进入家族企业的董事会、监事会、高管层或核心技术层之后，由于他们往往很早就获得了家族企业的所有权，在家族企业的关键部门工作，对家族企业投入的时间和精力较多，使

---

① Dyer W. G., Dyer W. J., Gardner R. G. Should my spouse be my partner? Preliminary evidence from the panel study of income dynamics [J]. Family Business Review. 2013, 26(1): 68–80.

得家族企业对子女的重要性增加，相应地他们的经营冒险行为会显著减少①。因此，即使子女有着与父辈不同的风险偏好，他们仍然不会忽视创新战略的不确定性而贸然采取行动，会在一定程度上限制研发投入。

同时，Handler（1994）发现，很多家族企业的创业者即使已经让子女进入家族企业担任重要职位，也仍然不愿意完全交出权力②。Grote（2003）认为，这是因为作为家族企业创业者，父母在企业中享有很高的权威，习惯了指挥和发号施令的感觉，一下子交出权力会给他们造成心理落差③。因此，由子女继任的家族企业，实际上还听命于家族企业创始人，对创新战略保持着一种保守的态度，对创新的追求让位于对社会情感财富的保护。

据此，本书提出：

假设2b：子女进入家族企业核心层对家族企业实施创新战略有负向影响。

Friedman（1991）认为，由于兄弟姐妹通常都生活在同一个时代背景下，家族内部共享某些信仰和价值观，一家人的生活习惯和思考逻辑较为接近，所以他们对企业的大部分经营和管理决策拥有彼此理解和差异较小的想法④。在成功的家族企业中，兄弟姐妹中即使有人希望采取比较冒险的创新战略，也会有其他人用稳妥、保守的战略决策降低家族企业的研发投入水平，以保证企业的根基不会被动摇。兄弟姐妹个人的性格常常形成各自既相似又互补的格局，彼此在创新投入面前互相牵制。

当然，Gersick 等人（1997）和 Ward（2004）发现，也有的兄弟姐妹之间关系并不和睦。在养育多子女的家庭中，由谁来继承家族企业的实际

---

① Shepherd D. A. Structuring family business succession: An analysis of the future leaders decision making [J]. Entrepreneurship: Theory & Practice. 2000, 24(4): 16–40.

② Handler W. C. Succession in family business: A review of the research [J]. Family Business Review. 1994, 7(2): 133–157.

③ Grote J. Conflicting generations: A new theory of family business rivalry [J]. Family Business Review. 2003, 16(2): 113–124.

④ Friedman S. D. Sibling relationships and intergenerational succession in family firms [J]. Family Business Review. 1991, 4(1): 3–20.

控制权的问题会令子女之间的关系变得十分敏感，维护兄弟姐妹之间共享的领导权需要非常细致的安排[①②]，在 Gage 等人（2004）和 Ward（1997）的研究中，很多兄弟姐妹关系最终闹翻并没有传承给下一代[③④]。由于创新活动需要企业内部很多人力、物力进行协调，所以在对家族企业控制权存在争夺和兄弟姐妹不睦的情况中，推行创新战略和创新活动实际上也是非常困难的。

据此，本书提出：

假设 2c：兄弟姐妹进入家族企业核心层对家族企业实施创新战略有负向影响。

Gersick 等人（1997）和 Rutherford 等人（2006）认为，由于由堂/表兄弟姐妹进入核心层进行联合控制的家族企业通常处于第三个发展阶段[⑤⑥]，家族企业初创时期的艰苦卓绝和家族荣誉已经渐渐远去，家族第三代及其后代对家族企业的感情变得淡薄，很多堂/表兄弟姐妹对家族企业及其存续发展不是很感兴趣，而是有自己的喜好和事业[⑦]。至于需要付出极大耐心和风险承受力的创新战略，堂/表兄弟姐妹可能更加不愿意涉及。

再者，Memili 等人（2011）、Salvato 和 Corbetta（2013）认为，由于当堂/表兄弟姐妹进入家族企业核心层时，已经从最初的一个家庭衍生到多

---

① Gersick K. E., Davis J. A., Mc Collom Hampton M. M., Lansberg I. Generation to generation: Life cyclesof the family business[M]. Boston, MA: Harvard Business School Press. 1997.

② Ward J. L. Perpetuating the family business. 50 lessons learned from long – lasting successful families in business[M]. New York, NY: Palgrave Macmillan. 2004.

③ Gage D., Gromala J., Kopf E. Successor partners: Gifting or transferring a business or real property to the next generation [J]. ACTEC Journal. 2004, 30:193 – 197.

④ Ward J. L. Growing the family business: Special challenges and best practices [J]. Family Business Review. 1997, 10(4):323 – 337.

⑤ Gersick K., Davis J., Hampton M., Lansberg I. Generation to generation: Life cycles of the family business[M]. Boston, MA: Harvard Business School Press. 1997.

⑥ Rutherford M. W., Muse L. A., Oswald S. L. A new perspective on the developmental model for family business [J]. Family Business Review. 2006, 19(4): 317 – 333.

⑦ Lambrecht J., Lievens J. Pruning the family tree: An unexplored path to family business continuity and family harmony [J]. Family Business Review. 2008, 21(4): 295 – 313.

个家庭①，家族内部的利他主义随着亲缘关系的疏远而逐渐减少②。Rutherford 等人（2006）发现，此时涉及的家庭之间常常会有一些利益纷争，堂/表兄弟姐妹之间也会在合作经营管理时关系紧张，不可避免地发生冲突③。因此，在内部并不团结、和谐的家族企业推行的创新战略，受到的影响和限制也比较多。

据此，本书提出：

假设 2d：堂/表兄弟姐妹进入家族企业核心层对家族企业实施创新战略有负向影响。

虽然基于种种原因，家族企业让姻亲子女担任了董事会、监事会、高管层或核心技术层的重要职位，但是基于婚姻关系成为的家人毕竟与基于血缘关系天生的家人不同，在信任和心理契约方面都要薄弱一些。Perricone 等人（2001）指出，在血亲家族成员眼中，姻亲子女进入家族企业所怀有的动机和目的可能并不单纯④。再者，姻亲子女成为家族成员的前提是其与血亲子女的婚姻关系能够长久维持，婚姻中的矛盾与风波会极大地影响姻亲子女在家族企业中的地位和权威。基于上述原因，无论姻亲子女的能力和资源如何，他们的一举一动通常都受到家族成员的高度关注和监督，极少人能够获得家族企业全部的信赖与支持去开展高风险的创新战略活动。同时，他们自身可能也并不愿意以身试险，而选择"老老实实"待在家族企业中。

据此，本书提出：

假设 2e：姻亲子女进入家族企业核心层对家族企业实施创新战略有负向影响。

---

① Memili E., Chrisman J. J., Chua J. H. Transaction costs and outsourcing decisions in small - and medium - sized family firms [J]. Family Business Review. 2011, 24(1): 47 – 61.

② Salvato C., Corbetta G. Transitional leadership of advisors as a facilitator of successors' leadership construction [J]. Family Business Review. 2013, 26(3): 235 – 255.

③ Rutherford M. W., Muse L. A., Oswald S. L. A new perspective on the developmental model for family business [J]. Family Business Review. 2006, 19(4): 317 – 333.

④ Perricone P. J., Earle J. R., Taplin I. M. Patterns of succession and continuity in family - owned businesses: Study of an ethnic community [J]. Family Business Review. 2001, 14(2): 105 – 121.

即使姻亲兄弟姐妹进入家族企业的核心层，他们仍然与血亲家族成员之间有信任和亲密距离。姻亲兄弟姐妹严格意义上并不属于核心家族成员，他们在家族企业中展开的行动常常会被其他人戴着有色眼镜来审视，被家族成员防范和监督。Swagger（1991）认为，如果兄弟姐妹之间已经有敌对情绪，引入姻亲兄弟姐妹会使得局势更加失控，加剧兄弟姐妹之间的矛盾[1]。因为背景和情况特殊，姻亲兄弟姐妹的能力和资质也时常备受质疑，被员工们认为是依靠裙带关系才能进入家族企业。同时，姻亲兄弟姐妹与家族企业的联系是基于婚姻关系，一旦实际控制人或者兄弟姐妹的婚姻亮了红灯，姻亲兄弟姐妹在家族企业的地位就会非常尴尬。因此，姻亲兄弟姐妹即使位居家族企业的核心层，通常也不会在企业中采取较大的动作，而是以企业稳定发展为目标，追求风险较小的战略活动。

据此，本书提出：

假设2f：姻亲兄弟姐妹进入家族企业核心层对家族企业实施创新战略有负向影响。

4.1.3 家族控制权的中介作用

Demsetz（1983）、Shleifer 和 Vishny（1986）认为，当家族企业存在因为所有权集中而出现的控制性股东后，控制权的内涵就发生了改变[2][3]。在Blumberg（1987）的定义中，控制权是对企业的业务经营和决策有主导影响的权力[4]，即 Rajan 和 Zingales（1997）所解释的使用关键性资源进行协作的能力[5]。控制权带来了核心层与员工层的相关契约，员工层负责听命

---

[1] Swagger G. Assessing the successor generation in family businesses [J]. Family Business Review. 1991, 4(4): 397-411.

[2] Demsetz H. The structure of ownership and the theory of the firm [J]. The Journal of Law and Economics. 1983, 26(2): 375-390.

[3] Shleifer A., Vishny R. W. Large shareholders and corporate control [J]. Journal of Political Economy. 1986, 94(3, Part 1): 461-488.

[4] Blumberg P. I. The law of corporate groups: tort, contract, and other common law problems in the substantive law of parent and subsidiary corporations [M]. New York, NY: Aspen Publishers. 1987.

[5] Rajan R. G., Zingales L. Power in a theory of the firm. NBER Working papers 6274, National Bureau of Economic Research, Inc. 1997.

于核心层,在权力和责任之间做出约定①。朱国和杜兴强(2010)发现,在崇尚权威的文化中,控制权带来的权威将基于契约的权力进一步放大②。因此,窦炜等人(2011)指出,家族成员如果想要在家族企业中实施创新战略,决定创新战略的投资是否有效率,必须获得一定程度的控制权③。不具备控制权的家族成员是无法对企业的创新战略活动产生必要和持续的影响的。

据此,本书提出:

假设3:家族控制权在亲缘关系对企业创新战略的影响中发挥中介作用。

4.1.4 家族控制权与企业价值

张维迎(1996)认为,广义的企业治理结构可以被看作是企业的所有权结构,也就是说,企业的治理结构是所有权的派生产物和具体体现④。企业的所有权结构可以通过股东的股权集中度来考察。朱武祥和宋勇(2001)对以往文献进行回顾后发现,对于股权集中度与企业价值的关系,以往研究一直存在争论。主要的研究结果包括四种:正相关、负相关、不相关和非线性关系⑤。

Xu和Wang(1999)的研究表明,一定程度上的股权集中度可以促使大股东与外部社会股东都致力于实现企业价值最大化的目标,而不是与管理人员勾结去追求短期利益⑥。同时,Shleifer和Vishny(1986)、Holderness和Sheehan(1988)都指出,大股东还可以据此监督管理层,限制管

---

① 殷召良.公司控制权法律问题研究[M].北京:法律出版社.2001.
② 朱国泓,杜兴强.控制权的来源与本质:拓展、融合及深化[J].会计研究.2010(5):54-61.
③ 窦炜,刘星,安灵.股权集中、控制权配置与公司非效率投资行为——兼论大股东的监督抑或合谋?[J].管理科学学报.2011(11):81-96.
④ 张维迎.中国国有企业资本结构存在的问题[J].金融研究.1996(10):27-29.
⑤ 朱武祥,宋勇.股权结构与企业价值——对家电行业上市公司实证分析[J].经济研究.2001(12):66-72.
⑥ Xu X.,Wang Y. Ownership structure and corporate governance in Chinese stock companies [J]. China Economic Review. 1999, 10(1): 75-98.

理层谋取自身利益、违背股东利益最大化原则的决策行为,可以提高企业的管理效率并减少企业的代理成本[①][②]。

然而,Morck等人(2000)的研究表明,企业的股权集中度与企业价值呈现负相关关系[③]。大股东对上市企业的掏空行为影响了企业发展的资源,浪费了企业的发展机会,损害了上市企业的价值。Bebchuk(1999)和La Porta等人(2002)发现,当大股东的控制权超过现金流权,两权偏离度超过一定程度时,大股东会不被察觉地做出侵占中小股东的利益,中小股东不看好持有的股票价值,外部投资者也对企业股票保持观望态度,企业股价会大幅下跌,投资者不愿意以高价购入企业股票,上市企业的价值被大大降低[④][⑤]。

还有,Demsets和Lehn(1985)、Mehran(1995)的研究发现,股权集中度与企业的绩效指标和价值指标并不存在相关关系[⑥][⑦],即股权集中程度对企业价值没有任何影响;或者存在McConnell & Servaes(1990)发现的非线性相关关系[⑧],股权集中度对企业价值的影响存在临界值,当股权集中度小于40%时,企业价值随股权集中度上升而提高,当股权集中度达到40%~50%,企业价值随股权集中度上升而减少。

上述研究得出不同结论的原因在于研究对象和使用指标各不相同。这

---

① Shleifer A., Vishny R. W. Large shareholders and corporate control [J]. Journal of Political Economy. 1986, 94(3, Part 1): 461-488.

② Holderness C. G., Sheehan D. P. The role of majority shareholders in publicly held corporations: An exploratory analysis [J]. Journal of Financial Economics. 1988, 20: 317-346.

③ Morck R., Nakamura M., Shivdasani A. Banks, ownership structure, and firm value in Japan [J]. The Journal of Business. 2000, 73(4): 539-567.

④ Bebchuk L. A. A rent-protection theory of corporate ownership and control [R]. National Bureau of Economic Research. 1999.

⑤ Porta R., Lopez-de-Silanes F., Shleifer A., et al. Investor protection and corporate valuation [J]. The Journal of Finance. 2002, 57(3): 1147-1170.

⑥ Demsetz H., Lehn K. The structure of corporate ownership: Causes and consequences [J]. Journal of Political Economy. 1985, 93(6): 1155-1177.

⑦ Mehran H. Executive compensation structure, ownership, and firm performance [J]. Journal of Financial Economics. 1995, 38(2): 163-184.

⑧ McConnell J. J., Servaes H. Additional evidence on equity ownership and corporate value [J]. Journal of Financial Economics. 1990, 27(2): 595-612.

些企业来自于欧美地区、新兴市场地区，控股大股东包括个人、家族、机构和政府，所处地区制度环境完善或恶劣，样本企业的数量也各不相同，其所使用的指标既有财务指标也有价值指标。数据样本中存在的差异使得研究结果出现了较大争议①。

那么，家族企业的股权集中度对其企业价值又会有什么样的影响呢？Bebchuk（1999）发现，在股权集中型企业中，最常见的结构就是控制性少数股东结构（Controlling Minority Shareholder，CMS）②。由于家族企业的股权一般集中在与实际控制人有血亲和姻亲关系的家族成员手中（某些情况中还有友缘、地缘、业缘等广义家族成员），所以家族企业的股权实际上是集中在了Fama和Jensen（1983）指出的互相之间有特殊关系的委托人和代理人手中③。

Daily和Dollinger（1992）的研究表明，尽管委托人和代理人有特殊关系，可以减少信息不对称，建立各种非正式契约，在一定程度上减少代理成本④，但是这样的所有权结构容易产生一些特殊的代理问题，所有者控制、所有者或关联代理人管理以及家族企业特有的利他主义是代理问题产生的根源⑤。据Crouqvist和Nilsson（2002）的研究估计，在瑞典，具有CMS结构的企业，其代理成本大约是企业价值的6%~25%，家族企业的这一比重更高⑥。

Claessens等人（1999）的研究表明，具有CMS结构的企业还常常通

---

① 朱武祥,宋勇. 股权结构与企业价值——对家电行业上市公司实证分析[J]. 经济研究. 2001(12):66-72.

② Bebchuk L. A. A rent-protection theory of corporate ownership and control[R]. National Bureau of Economic Research. 1999.

③ Fama E. F., Jensen M. C. Separation of ownership and control [J]. The Journal of Law and Economics. 1983, 26(2): 301-325.

④ Daily C. M., Dollinger M. J. An empirical examination of ownership structure in family and professionally managed firms [J]. Family Business Review. 1992, 5(2): 117-136.

⑤ Schulze W., Lubatkin M. H., Ling Y., Dino R. N., Buchholtz A. K. Agency Relationships in Family Firms:Theory and Evidence [J]. Organization Science. 2001,12(2): 99-116.

⑥ Cronqvist H., Nisson M. Agency Costs of Controlling Minority Shareholders [J]. Journal of Financial and Quantitative Analysis. 2003,38(4): 695-719.

过金字塔式控股来实现对不同企业的控制,这也是股东权利保护不足的亚洲地区的企业最终控制者最常使用的控制方式①。苏启林(2004)指出,在美国以外的其他国家,控制性个人和家族是 CMS 的主体②。这些控制性家族会利用金字塔控股结构放大家族控制权,造成控制权和现金流权的偏离,可以很方便地进行隐秘的隧道行为(例如,La Porta et al.,2000;Johson et al.,2000)③④。控制权与现金流权的偏离系数越高,家族企业的价值就越低(例如,Lemmon & Lins,2001；Mitton,2002)⑤⑥。

同时,巴泽尔(1999)提出,当家族企业的股权集中度较高时,不论委任家族成员或非家族成员作为管理者,都会造成代理成本的提高。当家族企业任用家族成员作为管理者时,这时企业的所有权和控制权大部分重合⑦,虽然可以减少信息不对称,建立起信任关系,减少因所有者和管理者内耗而产生的代理成本。但是,家族控制权的过度集中却导致大股东做出利己的决策,转移上市企业的价值,实施掏空上市企业的行为。而当家族企业任用非家族成员管理者时,苏启林和朱文(2003)发现,由于信息不对称和信任不等价,非家族成员会增加逆向选择和道德风险,增加的代理成本降低了企业价值⑧。

Pagano 和 Röell(1998)认为,虽然对大股东的监督和制衡能够减少

---

① Claessens S., Fan J. P. H., Djankov S. et al. On expropriation of minority shareholders: evidence from East Asia[J]. Available at SSRN 202390, 1999.

② 苏启林. 代理问题、公司治理与企业价值——以民营上市公司为例[J]. 中国工业经济. 2004(4):100-106.

③ La Porta R., Lopez-de-Silanes F., Shleifer A., et al. Investor protection and corporate governance [J]. Journal ofFinancial Economics. 2000, 58(1): 3-27.

④ Johnson S., Boone P., Breach A. et al. Corporate governance in the Asian financial crisis [J]. Journal of Financial Economics. 2000, 58(1): 141-186.

⑤ Lins K. V., Lemmon M. L. Ownership Structure [J]. Corporate Governance, and Firm Value: Evidence from the East Asian Financial Crisis (April 2001). William Davidson Institute Working Paper. 2003 (393).

⑥ Mitton T. A cross-firm analysis of the impact of corporate governance on the East Asian financial crisis [J]. Journal of Financial Economics. 2002, 64(2): 215-241.

⑦ [以]约拉姆·巴泽尔. 产权的经济分析[M]. 费方域,段毅才,钱敏,译. 上海:格致出版社、上海三联书店. 2017.

⑧ 苏启林,朱文. 上市公司家族控制与企业价值[J]. 经济研究. 2003(8):36-45.

控股股东对上市企业的利益侵占和掏空行为①，但是张光荣和曾勇（2006）的研究发现，我国上市企业的治理情况并不完善，企业监事会中也存在实际控制人的亲属，独立董事从企业获得报酬，他们对企业的监控作用无法发挥较大的实际作用。而就外部审计而言，也并不完全值得公众信赖②。

另外，Gomes（2000）研究发现，尽管家族企业意识到了股权集中度较高可能导致的隧道行为，并有意识地培养家族企业在社会公众中的良好声誉，但是在金融危机期间，即使声誉最佳的家族企业也会通过掏空行为来弥补财务损失③。Lins（2003）指出，当社会上的中小股东意识到股权集中度较高的家族企业具有利益侵占和掏空上市企业的动机之后，金字塔结构的企业将不得不付出更高的融资成本，这更进一步地降低了家族企业的价值④。

据此，本书提出：

假设4：家族控制权对家族企业价值有负向影响。

4.1.5 创新战略的中介作用

Griliches（1990）、Megna 和 Klock（1993）的研究均表明，虽然创新活动充满风险和不确定性，但是企业研发投入与企业价值存在显著的正相关关系⑤⑥，而且罗婷等人（2009）、徐欣和唐清泉（2012）都发现，这种

---

① Pagano M., Röell A. The choice of stock ownership structure: Agency costs, monitoring, and the decision to go public [J]. The Quarterly Journal of Economics. 1998, 113(1): 187 – 225.

② 张光荣,曾勇. 大股东的支撑行为与隧道行为——基于托普软件的案例研究[J]. 管理世界. 2006(8):126 – 135.

③ Gomes A. Going public without governance: managerial reputation effects [J]. The Journal of Finance. 2000, 55(2): 615 – 646.

④ Lins K. V. Equity ownership and firm value in emerging markets [J]. Journal of Financial and Quantitative Analysis. 2003, 38(1):159 – 184.

⑤ Griliches Z. Patents statistics as economic indicators: a survey [J]. Journal of Economic Literature. 1990, 28 (4):1661 – 1707.

⑥ Megna P., Klock M. The impact of intangible capital on Tobin Q in the semiconductor industry [J]. American Economic Review. 1993, 83 (2): 265 – 269.

正相关关系存在一年的时滞①②。而根据郝颖和刘星（2006）的研究，股权集中型企业中的大股东可以通过控制权深刻地影响企业的财务决策行为③。

郝颖等人（2006）发现，家族控制权不仅在于家族拥有企业相当大一部分所有权，还在于家族通过金字塔结构控制了庞大的家族企业集团。同时，由于控股股东和企业内部管理者普遍拥有同源特征，因此，家族企业的资源配置权被控股股东和管理者交替控制④。

Shleifer 和 Vishny（1997）的研究表明，当控股股东掌握了企业的大部分控制权之后，其投资决策是否能够有效提升企业价值已经不再是首要的考虑因素。研究表明，控制企业的投资对象更可能是能够扩大家族控制权的控制性资产，而非可以被社会上的中小股东共享的控制权利益⑤。柳建华等人（2008）发现，他们往往选择与关联企业进行投资交易，与关联人共同投资或者直接投资关联人控制的企业。这种投资安排方便家族控制者通过转移价格、非公允关联交易等手段转移上市企业的资源⑥。

创新战略需要企业投入大量的研发资金来研究高新技术、开发新产品和新工艺、推出改进的管理模式、采用全新的商业模式等。刘珍芝发现（2016），当企业的控制权与现金流权存在偏离时，控制性家族有很大的动机减少创新投入，侵占研发投入的资金，不愿意从长远角度提高企业的

---

① 罗婷,朱青,李丹.解析 R&D 投入和公司价值之间的关系[J].金融研究,2009(6):100 – 110.

② 徐欣,唐清泉.R&D 投资、知识存量与专利产出——基于专利产出类型和企业最终控制人视角[J].经济管理.2012(7): 49 – 59.

③ 郝颖,刘星,林朝南.上市公司大股东控制下的资本配置行为研究——基于控制权收益视角的实证研究[J].财经研究.2006(8):81 – 93.

④ 郝颖,刘星,林朝南.上市公司大股东控制下的资本配置行为研究——基于控制权收益视角的实证研究[J].财经研究.2006(8):81 – 93.

⑤ Shleifer A., Vishny R. W. A survey of corporate governance. Journal of Finance. 1997,52(2): 737 –783.

⑥ 柳建华,魏明海,郑国坚.大股东控制下的关联投资:"效率促进"抑或"转移资源"[J].管理世界.2008(3):133 – 141.

价值①。

同时，Santiago（2011）认为，与经济效益相比，家族成员更加重视社会情感财富②。而具有较高价值的创新战略一般研发周期长、执行风险高，家族成员在很大程度上不愿意承担这种项目，而将资金投入价值低但风险也低的项目，期望在短期内实现价值最大化③。因为高风险的创新战略可能会令控制性家族失去稳定的控制权，因此家族成员为了留存这种非经济效益而选择接受较低的企业价值。

可以看出，控制性家族掌握了企业生产经营的重要决策权力，这种权力集中在家族成员手中，但家族成员一方面为了保存社会情感财富而选择牺牲创新战略和研发投入，另一方面也会有很大动机通过控制权私利侵占中小股东利益，减少研发投入和最优资本配置决策。朱武祥和宋勇（2001）发现，掌握大部分股权的家族成员并没有十足的意愿去驱动企业价值不断增长④，这两方面的原因都导致家族企业的价值降低。

据此，本书提出：

假设5：创新战略在家族控制权对企业价值的影响中发挥中介作用。

4.1.6 企业成长性的调节效应

代彬（2012）的研究表明，企业董事会、监事会、高管层和核心技术人员实际上拥有能够对企业的经营和战略决策产生预期影响的能力⑤。而肖东生等人2014）发现，在家族企业中，家族成员的这种能力变得更强，成为了家族控制权的一个体现。核心层的家族成员掌握了家族企业的资源

---

① 刘珍芝. 机构投资者、终极控制人与企业价值创造能力——来自我国高新技术上市公司的经验证据[J]. 财经问题研究. 2016(2):79-83.

② Santiago A. L. The family in family business case of the in-laws in Philippine businesses [J]. Family Business Review. 2011, 24(4): 343-361.

③ 刘珍芝. 机构投资者、终极控制人与企业价值创造能力——来自我国高新技术上市公司的经验证据[J]. 财经问题研究. 2016(2):79-83.

④ 朱武祥,宋勇. 股权结构与企业价值——对家电行业上市公司实证分析[J]. 经济研究. 2001(12):66-72.

⑤ 代彬. 高管控制权与自利行为研究——来自国有上市公司的经验证据[D]. 重庆:重庆大学. 2011.

分配权力①。

林川等人发现（2011），在高成长性的企业中，由于企业的扩张速度很快，利润率迅速上升，导致核心层的家族成员可以不被察觉地操纵自利行为的空间和机会增加，使得家族企业的风险水平提升②。当原有经营规模下的风险控制体系失去作用时，家族企业可能就会在内部产生一系列隧道或掏空行为，家族成员利用企业资源获取私利，对企业的价值造成较大损害（例如，Johnson et. al，2000；Tsui et. al，2001）③④。尽管在此时，因为企业处于高成长时期，其价值较低成长时期已经提升较多，但仍然因为家族成员的自利行为而产生了较多损失。

据此，本书提出：

假设6：企业成长性在家族控制权对企业价值的负向影响中发挥正向调节作用。

Scherer（1965）的研究发现，企业的创新研发能力与成长性之间存在显著的正相关关系⑤。这表现在，一方面，创新能力是企业成长的推动性因素⑥。进行研发创新活动的企业，其成长性显著高于同类不进行研发活动的企业，并且 Mansfield（1962）发现，对于中小企业而言，研发活动对企业成长性的影响更大⑦。我国研究者贾明德和樊增强（1996）也发现，中小企业的成长普遍必须凭借技术创新⑧。一般来说，根据胡志颖等人

---

① 肖东生,高示佳,谢荷锋. 高管—员工薪酬差距、高管控制权与企业成长性——基于中小板上市公司面板数据的实证分析[J]. 华东经济管理. 2014(5)：117-122.

② 林川,曹国华,丘邦翰,毕家豫. CEO控制权、成长性与审计定价[J]. 当代财经. 2011(4)：110-119.

③ Johnson S. H. ,La Porta R. ,Lopez F. ,De Silanes,Shleifer A. Tunnelling [J]. The American Economic Review. 2000,2(90)：22-27.

④ Judy S. L. Tsui, Bikki Jaggi, Ferdinand A. Gul. CEO domination, growth opportunities, and their impact on audit fees [J]. Journal of Accounting, Auditing and Finance. 2001,16(3)：189-208.

⑤ Scherer F. Corporate inventive output, profits and growth [J]. The Journal of Political Economy. 1965, 73(3)：290-297.

⑥ Penrose E. The theory of the growth of the firm[M]. New York：Wiley. 1959.

⑦ Mansfield E. Entry, Gibrat's law, innovation, and the growth of firms [J]. The American Economic Review. 1962, 52(5)：1023-1051.

⑧ 贾明德,樊增强. 中国中小企业技术创新基础及实证研究[J]. 管理世界. 1996(2)：56-99.

(2014) 的研究, 创新投入越大, 创新效率越高, 企业成长性越高①。

另一方面, 企业成长性也反过来促进企业的创新战略。金辉和李秋浩 (2015) 发现, 当企业的成长性较高时, 企业所面临的投资机会比较多, 往往推动企业进行技术、产品、管理、商业模式等方面的创新活动②。而且叶康涛和祝继高 (2008) 指出, 在货币政策较为宽松的时期, 高成长性企业获得信贷融资的概率更高③, 这样保证了企业进行研发投入的资金较为充沛。另外, Baker 等人 (1988) 的研究表明, 高成长性的企业可以为员工带来内部提拔的机会和岗位空间, 可以为员工创造更多额外的现金奖励④, 这使得员工进行创新活动的积极性更高。

因此, 当家族成员通过家族控制权对企业创新战略进行决策, 采取抑制创新战略活动和降低研发投入水平的决策, 从而导致家族企业价值下降时, 如果此时家族企业的成长性较高, 则创新战略的中介效应增强, 即低水平的创新战略投入对企业价值的负面影响变得更强了。

据此, 本书提出:

假设7: 对于企业创新战略在家族控制权对企业价值的影响中发挥的中介作用, 企业成长性具有正向调节效应。

4.2 研究模型与估计方法

4.2.1 研究模型

综上所述, 本书提出研究模型图, 即"亲缘关系—家族控制权—创新战略—企业价值"模型, 如图4-1所示。该模型可以划分为两个子模型,

---

① 胡志颖,丁园园,郭彦君,萨茹拉. 风险投资网络、创新投入与创业板IPO公司成长性——基于创新投入中介效应的分析[J]. 科技进步与对策. 2014(10):90-94.
② 金辉,李秋浩. 资本结构、成长性与中小企业价值——基于面板门槛模型的实证研究[J]. 商业研究. 2015(2):144-151.
③ 叶康涛,祝继高. 银根紧缩与信贷资源配置[J]. 管理世界. 2009(1): 22-28.
④ Baker G. P., Jensen M. C., Murphy K. J. Compensation and incentives: Practice vs. theory [J]. The Journal of Finance. 1988, 43(3): 593-616.

即左侧"亲缘关系—家族控制权—创新战略"模型和右侧"家族控制权—创新战略—企业价值"模型。

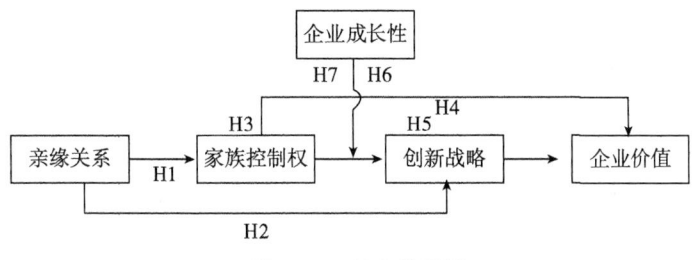

图 4-1 研究模型图

资料来源：作者绘制。

可以看到，为了使得模型验证过程较为准确和简便，左侧模型仅包含中介效应，即由家族控制权传递亲缘关系对企业创新战略的影响，揭示了亲缘关系和家族控制权之间的作用过程和原因。而右侧模型包含调节效应与被调节的中介效应，一方面，企业成长性正向调节家族控制权和创新战略之间的关系；另一方面，创新战略传递家族控制权对企业价值的影响，而企业成长性则可以改变创新战略所带来的中介效应的强度，揭示了家族控制权和企业价值之间的作用机制以及该机制增强或减弱的条件。Preacher等人（2007）指出，为了证明被调节的中介效应确实存在，必须观察到中介作用的效应会随着调节变量而增强或减弱[①]。

4.2.2 估计方法

除了主效应之外，本书还包含了中介效应、调节效应和被调节的中介效应组合，涉及变量之间复杂的影响过程和机制。由于检验中介效应、调节效应和被调节的中介效应的方法比较多，本书特此说明所应用的检验方法及其思路。

1. 主效应

本书的面板数据涵盖了上市家族企业在 2004 年到 2014 年的所有公司

---

① Preacher K. J., Rucker D. D., Hayes A. F. Addressing moderated mediation hypotheses: Theory, methods, and prescriptions [J]. Multivariate Behavioral Research. 2007, 42(1): 185-227.

信息、亲属信息、经营情况等。由于这些企业每年的观察值之间存在关联，并非完全互相独立，因此，属于非独立观测数据的样本结构①。为了降低非独立的观察值对变量之间关系的影响，本书参照 Yermack（1996）的研究，采用随机效应模型对变量之间的关系进行估计②。

2. 中介效应

Rucker 等人（2011）指出，中介效应在国内外期刊论文中出现的频率非常高，但是其各种各样的检验方法都时常备受争议③。目前比较普遍的中介效应检验方法包括：Baron 和 Kenny（1986）提出的逐步检验回归系数法④；检验系数乘积法，比较著名的有 Sobel（1982）提出的 Sobel 检验⑤；Fritz 和 MacKinnon（2007）提出的乘积分步法⑥；Preacher 等人（2007）和温忠麟等人（2012）推广的非参数百分位 Bootstrap 法⑦⑧；Ntzoufras（2009）、Yuan 和 MacKinnon（2009）使用的马尔科夫链蒙特卡罗（MCMC）法⑨⑩。

---

① 张建君,张闫龙. 董事长—总经理的异质性、权力差距和融洽关系与组织绩效[J]. 管理世界. 2016(1):110-120.

② Yermack D. Higher market valuation of companies with a small board of directors [J]. Journal of Financial Economics. 1996,40(2): 185-221.

③ Rucker D. D., Preacher K. J., Tormala Z. L., Petty R. E. Mediation analysis in social psychology: Current practices and new recommendations [J]. Social and Personality Psychology Compass. 2011,5(6): 359-371.

④ Baron R. M., Kenny D. A. The moderator - mediator variable distinction in social psychological research: Conceptual, strategic, and statistical considerations [J]. Journal of Personality and Social Psychology. 1986,51(6): 1173-1182.

⑤ Sobel M. E. Asymptotic confidence intervals for indirect effects in structural equation models [A]. In S. Leinhardt (Ed.), Sociological methodology (pp. 290-312). Washington,DC: American Sociological Association. 1982.

⑥ Fritz M. S., MacKinnon D. P. Required sample size to detect the mediated effect [J]. Psychological Science. 2017,18(3): 233-239.

⑦ Preacher K. J., Rucker D. D., Hayes A. F. Addressing moderated mediation hypotheses: Theory, methods and prescriptions [J]. Multivariate Behavioral Research. 2007,42(1): 185-227.

⑧ 温忠麟,刘红云,侯杰泰. 调节效应和中介效应分析[M]. 北京:教育科学出版社. 2012.

⑨ Ntzoufras I. Bayesian modeling using WinBUGS[M]. Hoboken: Wiley. 2009.

⑩ Yuan Y., MacKinnon D. P. Bayesian mediation analysis. Psychological Methods. 2009,14(4): 301-322.

在这几种中介效应检验方法里面，逐步检验回归系数法是最简单的，其原理是逐步检验一系列回归方程中，系数或系数乘积所代表的总效应、直接效应和间接效应是否存在，但是其检验效力比较低，即较为轻微的中介效应可能不易被检测出来[①]。Sobel 检验的效力虽然高于逐步检验回归系数法，但是方杰和张敏强（2012）认为，其要求回归方程中的系数及系数的乘积严格服从正态分布，因此具有非常大的局限性[②]。比 Sobel 检验效力更高的是非参数百分位 Bootstrap 法，该方法的原理是有放回地对样本采取重复取样，得到数百或上千个系数乘积值，将这些乘积值按照升序排列，取其 2.5% ~97.5% 的值构成系数乘积项的一个 95% 的置信区间，只要其中不包含 0 值，则系数乘积项显著，即中介效应存在[③]。温忠麟和叶宝娟（2014）指出，马尔科夫链蒙特卡罗法是一种贝叶斯统计方法，需要应用到马尔科夫链和蒙特卡罗动态模拟，该方法涉及较为复杂的运算和先验分布问题，与其他方法相比较少被采用[④]。

因此，在以上这五种方法中，存在这样两种情况：一是使用最为广泛、检验最为便捷的逐步检验回归系数法，另一种是置信区间更为精确、检验效力最高的非参数百分位 Bootstrap 法。这两种方法看似检验程序截然不同，使用起来相互对立，其实不然。本书所采取的中介效应检验方法并不是选择其一，而是参照温忠麟和叶宝娟（2014）的建议[⑤]，将逐步检验回归系数法和非参数百分位 Bootstrap 法结合起来使用。其原理如下：因为前者检验效力较低而步骤简便，后者检验效力较高但步骤较复杂，所以可以先利用逐步检验回归系数法对中介效应进行检验。如果已经检验到中介效应显著的结果，那么使用非参数百分位 Bootstrap 法自然可以同样检测

[①] Fritz M. S. ,MacKinnon D. P. Required sample size to detect the mediated effect [J]. Psychological Science. 2017,18(3)：233 - 239.
[②] 方杰,张敏强. 中介效应的点估计和区间估计:乘积分布法、非参数 Bootstrap 和 MCMC 法[J]. 心理学报. 2012(44):1408 - 1420.
[③] 方杰,张敏强. 中介效应的点估计和区间估计:乘积分布法、非参数 Bootstrap 和 MCMC 法[J]. 心理学报. 2012(44):1408 - 1420.
[④] 温忠麟,叶宝娟. 中介效应分析:方法和模型发展[J]. 心理科学进展. 2014(5):731 - 745.
[⑤] 温忠麟,叶宝娟. 中介效应分析:方法和模型发展[J]. 心理科学进展. 2014(5):731 - 745.

到,从而可以省去利用其进行检验的步骤;如果使用逐步检验回归系数法没有检测到中介效应显著,那么再利用非参数百分位 Bootstrap 法进行检验,并据此结果判断中介效应是否存在。简言之,就是利用检验效力低(即中介效应显著性门槛高)的逐步检验回归系数法"小试牛刀"。

在本书中,两个子模型"亲缘关系—家族控制权—创新战略"和"家族控制权—创新战略—企业价值"中包含简单的中介效应模型。可以用回归方程 4 – 1 到 4 – 3 来表示变量之间的关系(由于本书中的变量并未进行中心化处理,因此回归模型中包含截距项):

$$Y = a_1 X + C_1 + \varepsilon_1 \qquad (4-1)$$

$$M = a_2 X + C_2 + \varepsilon_2 \qquad (4-2)$$

$$Y = a_3 X + a_4 M + C_3 + \varepsilon_3 \qquad (4-3)$$

其中,a_i 系数项,C_i 为常数项,ε_i 为回归残差项,M 为中介变量。

本书对中介效应的检验遵循温忠麟和叶宝娟(2014)提出的五个步骤[①],以"亲缘关系—家族控制权—创新战略"中的中介变量家族控制权为例,这五个步骤如下:

第一步:检验方程 4 – 1 中亲缘关系对创新战略的系数 a_1,如果系数显著,则可以按照中介效应进行阐释,并进行后续检验。如果系数不显著,也需要进行后面的检验。

第二步:依次检验方程 4 – 2 中亲缘关系对家族控制权的系数 a_2 和方程 4 – 3 中家族控制权对创新战略的系数 a_4,如果 a_2 和 a_4 都显著,则家族控制权的中介效应存在,并进行第四步。如果其中一个或两个都不显著,则需要进行第三步,使用非参数百分位 Bootstrap 法进行再次检验。

第三步:使用非参数百分位 Bootstrap 法检验系数 a_2 和 a_4 的乘积,如果可以证明其置信区间中不包含 0,则家族控制权的中介效应显著,并进行第四步。如果系数 a_2 和 a_4 的乘积置信区间中包含 0,则证明家族控制权的中介效应不存在,不再进行后续分析。

---

① 温忠麟,叶宝娟. 中介效应分析:方法和模型发展[J]. 心理科学进展. 2014(5):731 – 745.

第四步：检验方程（4-3）中亲缘关系的系数 a_3，如果 a_3 不显著，则表明家族控制权实现了完全中介；如果 a_3 显著，则需要进行第五步以确定家族控制权是否只发挥了部分中介效应。

第五步：对系数 a_2 和 a_4 的乘积和 a_3 进行比较，如果它们符号方向一致，则可以确定亲缘关系对创新战略存在直接效应，家族控制权进行了部分中介作用。

综上，本书将严格遵循以上五个步骤对家族控制权和创新战略发挥的中介效应进行检验。

3. 调节效应

Schumacker 和 Marcoulides（1998）认为，调节效应会影响自变量和因变量之间关系的方向和强弱[1]。由于本书中的调节效应只涉及可以直接观测的显变量和较为简单的连续变量，因此，温忠麟等人（2005）认为，此处使用最常用的调节效应模型来阐述对企业成长性所发挥的调节效应的研究方法[2]。可以用方程 4-4 和 4-5 来表示上述变量之间的关系：

$$R_1^2: Y = b_1 X + C_4 + \varepsilon_4 \qquad (4-4)$$

$$R_2^2: Y = b_2 X + b_3 U + b_4 XU + C_5 + \varepsilon_5 \qquad (4-5)$$

其中，b_i 系数项，ε_i 为回归残差项，U 为调节变量，C_i 为常数项。系数 b_4 衡量了调节效应的大小。

通常，调节效应有两种较常用的检验方法，一是使用层次回归分析法，二是对自变量与调节变量的交互项做偏回归系数检验，两种检验方法的效力相当。本书根据温忠麟等（2005）提出的调节效应检验程序，对企业成长性的调节效应采取层次回归分析法，按照以下三个步骤进行[3]：

第一步：将自变量家族控制权和因变量企业价值放入回归方程，得出

---

[1] Schumacker R. E., Marcoulides G. A. Interaction and nonlinear effects in structural equation modeling [M]. Mahwah, NJ: Lawrence Erlbaum Associates. 1998.

[2] 温忠麟,侯杰泰,张雷. 调节效应与中介效应的比较和应用[J]. 心理学报. 2005(2): 268-274.

[3] 温忠麟,侯杰泰,张雷. 调节效应与中介效应的比较和应用[J]. 心理学报. 2005(2): 268-274.

方程的测定系数 R_1^2。

第二步：将调节变量企业成长性加入上述回归方程，得出新的方程的测定系数 R_2^2。

第三步：将 R_1^2 和 R_2^2 进行比较，如果新回归方程的测定系数 R_2^2 显著高于 R_1^2，则可以判定企业成长性的调节效应显著；反之则可以判定企业成长性的调节效应不存在。

综上，本书将根据以上三个步骤对企业成长性对家族控制权与企业价值之间关系的调节效应进行检验。

4. 被调节的中介效应

被调节的中介效应是一种较为复杂的效应形式，同时包含中介效应和调节效应，在本书涉及的被调节的中介效应中，重心还是在于考虑自变量家族控制权对因变量企业价值的作用机制，即创新战略的中介效应，其次则是考虑创新战略的中介过程是否受到企业成长性的调节，即创新战略的中介效应的作用方向和强弱是否会受到企业成长性的影响（例如，Baron & Kenny，1986；温忠麟等，2006）[1][2]。被调节的中介模型包括对中介路径前半程的调节和后半程的调节，本书只涉及对"家族控制权—创新战略"这一前半程路径的调节。

根据以往的文献，被调节的中介效应主要主要有以下六种检验方法：Muller 等人（2005）和温忠麟等人（2012）提倡的对系数乘积的依次检验法[3][4]，Sobel（1982）提出的对系数乘积的直接检验——Sobel 检验法[5]，

---

[1] Baron R. M., Kenny D. A. The moderator – mediator variable distinction in social psychological research: Conceptual, strategic, and statistical considerations [J]. Journal of Personality and Social Psychology. 1986,51(6): 1173 – 1182.

[2] 温忠麟,张雷,侯杰泰. 有中介的调节变量和有调节的中介变量[J]. 心理学报. 2006(38): 448 – 452.

[3] Muller D., Judd C. M., Yzerbyt V. Y. When moderation is mediated and mediation is moderated [J]. Journal of Personality and Social Psychology. 2005,89(6): 852 – 863.

[4] 温忠麟,刘红云,侯杰泰. 调节效应和中介效应分析[M]. 北京:教育科学出版社. 2012.

[5] Sobel M. E. Asymptotic confidence intervals for indirect effects in structural equation models [J]. Sociological Methodology. 1982, 13:290 – 312.

MacKinnon（2008）、Preacher 和 Hayes（2004）推广的偏差校正的非参数百分位 Bootstrap 法[1][2]，方杰和张敏强（2012）、Yuan 和 MacKinnon（2009）使用的基于先验信息的马尔科夫链蒙特卡罗法[3][4]，MacKinnon 等人（2002）使用的亚组分析法[5]以及 Edward 和 Lambert（2007）推广的中介效应的差异检验法[6]。其中，前面四种方法是基于对系数乘积的检验，后面两种方法则是基于对中介效应差异的检验。

前人的研究对这六种方法的优劣进行了充分的讨论，这也成为了本书选择研究方法的依据。对系数乘积的依次检验法将原本检验系数乘积不为零，转变为检验涉及的系数各自不为零，这样的检验程序会导致检验的效力比较低下，即比较容易忽略掉实际存在的调节效应（例如，Fritz & MacKinnon，2007；MacKinnon et al.，2002）[7][8]。而 Hayes（2009）认为，Sobel 检验，如前文所说，是基于所有系数以及系数乘积的态分布假设，检验的前提条件过于严苛，检验结果通常不太准确，因此备受诟病[9]。偏差校正的非参数百分位 Bootstrap 法和马尔科夫链蒙特卡罗法通过计算系数乘积的置信区间来看是否存在零值，以此判断调节效应的存在。由于偏差校

---

[1] MacKinnon D. P. Introduction to statistical mediation analysis[M]. Mahwah: Earlbaum. 2008.

[2] Preacher K. J., Hayes A. F. SPSS and SAS procedures for estimating indirect effects in simple mediation models [J]. Behavior Research Methods, Instruments, & Computers. 2004,36(4): 717-731.

[3] 方杰,张敏强. 中介效应的点估计和区间估计：乘积分布法、非参数 Bootstrap 和 MCMC 法[J]. 心理学报. 2012(44):1408-1420.

[4] Yuan Y., MacKinnon D. P. Bayesian mediation analysis [J]. Psychological Methods. 2009, 14(4): 301-322.

[5] MacKinnon D. P., Lockwood C. M., Hoffman J. M., West S. G., Sheets V. A. A comparison of methods to test mediation and other intervening variable effects [J]. Psychological Methods. 2002,7(1): 83-104.

[6] Edwards J. R., Lambert L. S. Methods for integrating moderation and mediation: A general analytical framework using moderated path analysis [J]. Psychological Methods. 2007,12(1): 1-22.

[7] Fritz M. S., MacKinnon D. P. Required sample size to detect the mediated effect [J]. Psychological Science. 2007,18(3): 233-239.

[8] MacKinnon D. P., Lockwood C. M., Hoffman J. M., West S. G., Sheets V. A. A comparison of methods to test mediation and other intervening variable effects [J]. Psychological Methods. 2002,7(1): 83-104.

[9] Hayes A. F. Beyond baron and kenny: Statistical mediation analysis in the new millennium [J]. Communication Monographs. 2009,76(4): 408-420.

正的非参数百分位 Bootstrap 法比马尔科夫链蒙特卡罗法应用起来更为简便和不受限制，所以使用范围较为广泛。这两种方法的检验效力要高于系数乘积的依次检验法和 Sobel 检验法（例如，方杰和张敏强，2012）[①]。亚组分析法又称为条件间接效应分析法，该方法通过代入具体的调节变量值来检验调节效应是否存在，在检验过程上存在比较明显的缺点，因此温忠麟和叶宝娟（2014）不推荐使用[②]。检验力最高的是中介效应的差异检验法，刘东等人（2012）提出可以通过查看中介效应的最大值和最小值是否存在显著差异，来判断中介效应是否受到调节效应的作用[③]。

从上述方法的优劣比较来看，适合采用的有系数乘积的依次检验法、偏差校正的非参数百分位 Bootstrap 法和中介效应的差异检验法。这三种方法之间并非对立和竞争的关系，而是可以互相补充的关系。系数乘积的依次检验法虽然检验的效力比较低，但是其检验程序非常方便，得到的显著性比较强，显著性结果包含的信息最多。因此，根据温忠麟和叶宝娟（2014）建议的步骤，可以先使用系数乘积的依次检验法对被调节的中介效应进行检验，如果检验结果显著，则被调节的中介效应存在；如果不显著，则采用偏差校正的非参数百分位 Bootstrap 法；如果还不显著，则采用中介效应的差异检验法，至此若结果还不显著，则被调节的中介效应不存在[④]。

根据刘东等人（2012）的研究，本书假设企业成长性对创新战略的中介效应进行了第一阶段的调节作用，即企业成长性对中介过程的影响，源

[①] 方杰,张敏强. 中介效应的点估计和区间估计:乘积分布法、非参数 Bootstrap 和 MCMC 法[J]. 心理学报. 2012(44):1408-1420.
[②] 温忠麟,叶宝娟. 有调节的中介模型检验方法:竞争还是替补?[J]. 心理学报. 2014(5):714-726.
[③] 刘东,张震,汪默. 被调节的中介和被中介的调节:理论构建与模型检验[A]. 组织与管理研究的实证方法(第二版)[C]. 北京:北京大学出版社. 2012.
[④] 温忠麟,叶宝娟. 有调节的中介模型检验方法:竞争还是替补?[J]. 心理学报. 2014(5):714-726.

于企业成长性加剧或减弱了家族控制权和创新战略之间的关系①。同时,由于创新战略发挥了部分中介效应,家族控制权对企业价值还存在直接效应,因此企业成长性也对这部分直接效应进行了调节,这部分已在前文提及,此处将其纳入完整的被调节的中介效应检验程序。可用方程4-6到4-8表示调节了直接路径和第一阶段路径的变量之间的关系:

$$Y = a_1 X + a_2 U + a_3 UX + C_1 + \varepsilon_1 \quad (4-6)$$

$$M = b_1 X + b_2 U + b_3 UX + C_2 + \varepsilon_2 \quad (4-7)$$

$$Y = c_1 X + c_2 U + c_3 UX + c_4 M + c_5 MU + C_3 + \varepsilon_3 \quad (4-8)$$

其中,M 为中介变量,U 为调节变量,a_i、b_i、c_i 为系数项,C_i 为常数项,ε_i 为回归残差项。

按照温忠麟和叶宝娟(2014)建议的检验程序,结合本书的具体变量,将被调节的中介效应检验步骤列出②:

第一步:为了检验家族控制权对企业价值的直接效应是否受到企业成长性调节,再对被调节的中介效应进行检验之前,首先通过方程4-6查看企业成长性*家族控制权的乘积项系数 a_3 是否显著,如果 a_3 显著,则判断企业成长性对直接效应的调节作用存在,考虑使用模型4-8进行后续检验。需要注意的是,此时 a_1 是否显著并不影响判断。

第二步:对系数乘积进行依次检验。先检验方程4-7中企业成长性*家族控制权的乘积项系数 b_3 是否显著,再检验方程4-8中创新战略的系数 c_4 是否显著。如果这两个条件成立,则创新战略的中介效应受到企业成长性的调节作用。

第三步:如果对系数乘积进行依次检验没有得出显著的结论,则使用偏差校正的非参数百分位 Bootstrap 法检验系数乘积项的置信区间,判断被调节的中介效应是否显著。

---

① 刘东,张震,汪默. 被调节的中介和被中介的调节:理论构建与模型检验[A]. 组织与管理研究的实证方法(第二版)[C]. 北京:北京大学出版社. 2012.
② 温忠麟,叶宝娟. 有调节的中介模型检验方法:竞争还是替补?[J]. 心理学报. 2014(5):714-726.

第四步：如果使用偏差校正的非参数百分位 Bootstrap 法仍然没有得出显著的结论，则通过中介效应的差异检验，判断中介效应的最小值与最大值之差是否显著，如果显著，则被调节的中介效应存在；反之，则中介效应不存在。

综上，本书将根据上述四个步骤判断创新战略的中介作用及其中介效应的强度是否受到企业成长性的影响，以揭开"家族控制权—创新战略—企业价值"的影响机制。

第5章 亲缘关系对家族企业影响结果检验

5.1 描述性统计

在进一步的统计分析之前,先对数据样本进行描述性统计,有助于对数据样本的特点形成全局性和系统性的掌握与理解。本文首先对研究模型中的自变量、因变量、中介变量、调节变量和控制变量进行描述性统计。照前所述,由于本文的样本是包含时间序列的面板数据,所以描述性统计是基于观测值(Observation,即每个时间上每家企业的取值),而非基于观测群组(Group of Observation,即每家企业)。需要注意的是,此处汇报的变量描述性统计结果都是基于2.5%缩尾调整操作的。各个变量的统计结果如表5-1所示。

从变量的描述性统计结果中可以看出,在家庭成员方面,家族企业中包含配偶关系的企业约占28.6%,说明企业"夫妻店"的现象还是比较常见的。包含亲子关系的企业占家族企业总数的29.2%,这说明因为种种原因,一些家族企业的创业者已经开始着手让下一代及其后代成员接班。存在兄弟姐妹关系的家族企业比重为38.6%,在所有亲缘关系的比重中最高,说明很多家族企业都是靠兄弟姐妹一起打拼的。堂/表兄弟姐妹关系在家族企业中较为少见,仅占家族企业总数的5.4%,同样比较少见的是姻亲亲子关系,仅占家族企业总数的5.5%,这表明大多数家族企业并不会引入堂/表远亲和儿媳/女婿来参与企业管理。包含姻亲兄弟姐妹关系的家族企业约占31.1%,比例仅次于兄弟姐妹关系,说明很多家族企业在任用兄弟姐妹进行管理时,也将他们的配偶聘请进家族企业。需要说明的是，上述亲缘关系的比重之和大于100%，说明部分家族企业中同时存在多种亲缘关系。

表5-1 变量的描述性统计结果

变量名称	平均值	标准差	中位数	极大值	极小值
因变量：					
$FirmV_{t+1}$	431526.2	403774.1	290821.9	1899218	83783.89
自变量：					
Spouse	0.286	0.452	0	1	0
ParChi	0.292	0.455	0	1	0
Sibling	0.386	0.487	0	1	0
Cousin	0.054	0.227	0	1	0
Chilaw	0.055	0.229	0	1	0
Sibinlaw	0.311	0.463	0	1	0
中介变量：					
OwnS	0.677	0.146	0.672	1	0.388
R&D	3097.724	3299.449	1870.45	15147.92	159.0296
调节变量：					
Grow	21.142	23.002	19.052	70.7832	-16.326
控制变量：					
ROA_{t-1}	8.508	5.818	7.515	25.392	0.162
DAR	33.026	17.868	31.660	68.540	4.827
LnEmpN	7.084	0.985	6.978	12.118	3.688
RelN	1.552	0.705	1	4	1
Adjun	0.369	0.482	0	1	0
DirN	9.301	2.049	9	18	1

注：本书的控制变量还包括家族企业所属行业、家族企业总部所属省份、年份等虚拟变量，由于篇幅所限，这些虚拟变量的描述性统计结果未列示于表格中。

资料来源：作者计算。

在企业价值方面，家族企业的价值大小差别非常大，范围从约8.38亿元到约189.92亿元，平均价值约为43.15亿元，而且各个家族企业的价值相差非常大。在家族控制权方面，家族对企业的平均控制权为67.7%，控股比重范围为38.8%到100%，而且家族企业的控制权比重差异较小，大多数家族都依靠前五位股东的持股牢牢掌控着企业。在创新投入方面，家族企业平均创新战略投入约为 0.31 亿元，投资资金额在约 159 万~1.51 亿不等，而且不同家族企业之间差别巨大。在企业成长性方面，家族企业平均主营业务增长率约为 21.14%，成长最快的企业实现了约 70.78% 的增长率，陷入倒退的企业则达到了最低约为 16.33% 的负增长，家族企业的成长性也呈现巨大差异。

从控制变量来看，在资产收益率方面，样本中家族企业的收益率范围约为 0.16%~25.39%，平均净资产收益率约为 8.51%，而且不同家族企业的资产收益率差别较大。在资产负债率方面，样本中家族企业的资产负债率平均值为 33.03%，范围为 4.82%~68.54%，这表明大多数家族企业在选择是否借贷经营上较为保守或受到限制，对自有资产的依赖较大，企业的融资能力并不高，但同时也保证了较强的长期偿债能力和较低的经营风险。在企业规模方面，本文通过员工人数的对数值来衡量家族企业的规模大小，从表 5-1 中的数值可以看出，样本中家族企业员工人数的对数均值约为 7.08，范围为约 3.68~12.12。在亲属总人数方面，家族企业的董事会、监事会和高管层平均拥有 1.55 位亲属，亲属总人数范围为 1~4 人，表明家族企业董事长并不会在董事会、监事会和高管层内毫无限制地引入家族成员，而是会结合企业自身的情况综合考虑。在董事长是否兼任总经理方面，可以看出有兼任情况的家族企业只占 36.90%，这表明兼任情况在家族企业中并不是普遍现象，更多的家族企业还是将董事长与总经理这两个职权相互分立。在董事会总人数方面，家族企业平均拥有约 9 位董事，董事人数的范围从 1~18 位不等。

5.2 相关分析

为了探究各个变量之间的基本关系，本文接下来利用双侧检验的方法对变量做了相关分析，数据结果见表 5-2 所示。由表 5-2 可以看出，除了中介变量创新投入与因变量企业价值显著正相关（相关系数为 0.610，$p<0.001$）以外，其他各个变量之间的相关系数值均低于 0.402，可以预

判变量之间的相关性和共线性较低，适合进行面板数据回归检验。

相关系数检验显示：配偶关系（相关系数为 -0.100，$p<0.001$）、堂/表兄弟姐妹关系（相关系数为 -0.061，$p<0.01$）和姻亲亲子关系（相关系数为 -0.044，$p<0.1$）都与家族控制权之间呈现显著的负相关关系。兄弟姐妹关系与家族控制权之间为显著的正相关关系（相关系数为 0.065，$p<0.01$）。而亲子关系与家族控制权之间并不存在相关关系，这与本文之前的假设并不相符。

亲子关系（相关系数为 -0.059，$p<0.01$）、姻亲亲子关系（相关系数为 -0.057，$p<0.01$）都与创新战略之间呈现显著的负相关关系。除此之外，配偶关系、兄弟姐妹关系、堂/表兄弟姐妹关系、姻亲兄弟姐妹关系与创新战略之间并不存在相关关系，这与本文之前的假设并不相符。

家族控制权与创新战略之间呈现显著的负相关关系（相关系数为 -0.175，$p<0.001$）。家族控制权与企业价值之间为显著的正相关关系（相关系数为 0.042，$p<0.1$）。创新战略与企业价值（相关系数为 0.610，$p<0.001$）之间为显著的正相关关系。同样地，企业成长性与创新战略之间也是显著的正相关关系（相关系数为 0.045，$p<0.01$）。这与本文之前的假设方向基本一致。

在控制变量方面，本书所采用的所有控制变量都与理论模型中主要的变量之间存在两个以上的显著相关关系。综上所述，从相关关系检验来看，大部分变量之间的关系符合本文的假设，而小部分变量之间的关系则与本书的基本假设不符。因此，还需要进行面板数据回归分析以进一步地探究各个变量之间的复杂关系。

表 5-2 变量相关系数表

变量	$FirmV_{t+1}$	Spouse	ParChi	Sibling	Cousin	Chilaw	Sibinlaw	OwnS	R&D	Grow	ROA_{t-1}	DAR	LnEmpN	RelN	Adjun	DirN
$FirmV_{t+1}$	1															
Spouse	-0.014	1														
ParChi	-0.039 +	-0.192 ***	1													
Sibling	0.042 +	-0.202 ***	-0.301 ***	1												
Cousin	0.004	-0.095 ***	-0.017	-0.042 +	1											
Chilaw	-0.041 +	-0.102 ***	0.149 ***	-0.147 ***	-0.039 +	1										
Sibinlaw	-0.049 *	0.010	-0.139 ***	-0.171 ***	-0.132 ***	-0.056 **	1									
OwnS	0.042 +	-0.100 ***	-0.033	0.065 **	-0.061 **	-0.044 +	0.010	1								
R&D	0.610 ***	-0.003	-0.059 **	0.009	0.014	-0.057 **	-0.017	-0.175 ***	1							
Grow	0.149 ***	0.036	-0.082 ***	0.065 **	0.003	-0.035	-0.007	0.150 ***	0.045 **	1						

127

续表

变量	$FirmV_{t+1}$	Spouse	ParChi	Sibling	Cousin	Chilaw	Sibinlaw	OwnS	R&D	Grow	ROA_{t-1}	DAR	LnEmpN	RelN	Adjun	DirN
ROA_{t-1}	0.146***	0.082***	-0.034	0.023	-0.033	0.005	0.034	0.486***	-0.033	0.316***	1					
DAR	0.139***	-0.062**	-0.043**	0.017	0.058**	-0.059**	-0.006	0.173***	0.151***	0.124***	-0.112***	1				
LnEmpN	0.402***	-0.057**	-0.043*	0.043*	0.113***	-0.070**	-0.006	-0.101***	0.401***	0.004	-0.149***	0.331***	1			
RelN	-0.023	0.280***	0.214***	0.153***	0.159***	0.202***	0.348***	0.129***	-0.058**	-0.022	-0.047*	-0.023	-0.016	1		
Adjun	-0.005	-0.014	-0.102***	-0.006	-0.025	-0.056**	0.027	0.008	0.018	0.035	0.025	-0.111***	-0.014	-0.066**	1	
DirN	0.012	0.015	0.039+	0.005	0.012	-0.007	-0.020	-0.024	-0.0001	0.053*	0.020	-0.018	-0.001	0.009	0.037+	1

注：***、**、* 和 + 依次表示在 0.001、0.01、0.05 和 0.1 的显著性水平上显著。

5.3 回归分析

为了进一步验证本书所提出的假设,本书采用回归分析方法对变量之间的关系进行分析。本书使用Stata14.0软件进行面板数据回归分析。

5.3.1 对"亲缘关系—家族控制权—创新战略"子模型的检验

首先,本书对"亲缘关系—家族控制权—创新战略"子模型进行了回归分析。模型1仅包含控制变量,对各个控制变量与因变量绩效之间的关系进行回归分析,以明确本书选择的各个控制变量对于因变量是否具有影响。模型2到模型4检验了亲缘关系、家族控制权和创新战略之间的关系。回归分析结果如表5-3所示。

由表5-3的模型1可以看出,在控制变量中,上一期资产回报率、资产负债率、企业规模、亲属总人数、董事长兼任总经理、董事会总人数等基本上能够对因变量创新战略产生显著的影响,表明本文选取的控制变量较为准确,大部分干扰因素都得到了有效的控制。

假设1认为六类亲缘关系(配偶关系、亲子关系、兄弟姐妹关系、堂/表兄弟姐妹关系、姻亲亲子关系、姻亲兄弟姐妹关系)参与经营会影响家族对于企业的控制权。本文构建的回归方程为:

$$OwnS = a_1 Kinship + C_1 + \varepsilon_1 \quad (5-1)$$

为了验证假设1,本文将这六类亲缘关系纳入模型2。结果显示,配偶关系对家族控制权的回归系数(β配偶关系 $= 0.047$,$p < 0.001$)、亲子关系对家族控制权的回归系数(β亲子关系 $= 0.047$,$p < 0.001$)、兄弟姐妹关系对家族控制权的回归系数(β兄弟姐妹关系 $= 0.036$,$p < 0.001$、姻亲亲子关系对家族控制权的回归系数(β姻亲亲子关系 $= 0.047$,$p < 0.001$)符号为正,而且非常显著,表明配偶、子女、兄弟姐妹、儿媳/女婿参与经营与家族控制权正相关,配偶关系、亲子关系、兄弟姐妹关系和姻亲亲子关系有助于增强家族对企业的控制权。上述结果与假设预期相符。

表5-3 亲缘关系—家族控制权—创新战略回归分析结果

变量名称	Model 1 DV：R&D	Model 2 DV：OwnS	Model 3 DV：R&D	Model 4 DV：R&D
OwnS				-1985.251*** (686.849)
Spouse		0.047*** (0.010)	-302.579 (304.645)	-224.352 (303.882)
ParChi		0.047*** (0.011)	-149.280 (309.897)	-75.875 (308.963)
Sibling		0.036*** (0.010)	-29.630 (298.904)	23.693 (297.550)
Cousin		-0.001 (0.015)	-99.083 (483.703)	-139.797 (480.820)
Chilaw		0.047*** (0.013)	-946.412** (454.956)	-959.458** (452.192)
Sibinlaw		0.0002 (0.009)	38.755 (296.548)	31.209 (294.700)
ROA_{t-1}	59.032*** (12.648)	-0.006*** (0.00007)	59.566*** (12.613)	75.528** (13.7241)
DAR	16.092*** (4.259)	-0.003*** (0.0001)	15.663*** (4.263)	20.827*** (4.615)
LnEmpN	1997.724*** (109.554)	-0.036*** (0.003)	1984.475*** (109.580)	1921.850*** (111.174)
RelN	162.726 (121.896)	-0.016* (0.007)	288.816 (226.045)	290.052 224.698
Adjun	122.708 (147.868)	0.010*** (0.003)	101.734 (148.060)	121.651 (147.688)
DirN	35.95072 (32.604)	-0.0005 (0.0006)	37.381+ (32.573)	31.514 (32.546)
观测组数	1538	1720	1538	1538
观测数	395	403	395	395
卡方	1221.26 ***	9507.18 ***	1234.86 ***	1253.82 ***

注：1. 括号中是回归系数标准误。

2. ***、**、*和+依次表示在0.001、0.01、0.05和0.1的显著性水平上显著。

3. 回归分析已将企业所在省份、所处行业、年份等控制变量纳入分析模型中，出于节约篇幅的考虑，未在表格中列出。

而结果还显示,堂/表兄弟姐妹关系、姻亲兄弟姐妹关系对家族控制权的回归系数并不显著,表明堂/表兄弟姐妹和姻亲兄弟姐妹的引入与家族控制权没有显著关系,不会影响家族对企业的控制。综合来看,结果支持了假设1a、假设1b、假设1c和假设1e,而假设1d和假设1f没有得到回归结果的支持。

假设2认为,六类亲缘关系(配偶关系、亲子关系、兄弟姐妹关系、堂/表兄弟姐妹关系、姻亲亲子关系、姻亲兄弟姐妹关系)参与经营会影响家族企业实施创新战略。本文构建的回归方程为:

$$R\&D = a_2 Kinship + C_2 + \varepsilon_2 \tag{5-2}$$

为了验证假设2,本文将这四类亲缘关系纳入模型3。结果显示,仅有姻亲亲子关系对创新战略的回归系数(β 姻亲亲子关系 = -946.412,p < 0.01)符号为负,而且非常显著,表明儿媳/女婿参与经营和企业的创新投入负相关,姻亲亲子关系对家族企业实施创新战略产生了消极影响。

结果还显示,除此之外,配偶关系、兄弟姐妹关系、堂/表兄弟姐妹关系、姻亲亲子关系、姻亲兄弟姐妹关系对家族控制权的回归系数都不显著,表明这五类亲缘关系与企业的创新投入没有显著关系,上述关系的存在并不会影响家族企业实施创新战略。综合来看,结果仅支持了假设2b,假设2a、2c、2d、2e、2f都没有得到支持。

假设3认为家族控制权在亲缘关系对企业创新战略的影响中发挥中介作用。为了验证假设3,本文将这四类亲缘关系纳入模型4。结合前文,本文构建的一组回归方程为:

$$R\&D = a_3 Kinship + a_4 OwnS + C_3 + \varepsilon_3 \tag{5-3}$$

表5-3中的结果显示,家族控制权对企业创新战略的回归系数(β 家族控制权 = -1985.251,p < 0.001)符号为负,而且非常显著,表明家族控制权与企业的创新投入负相关,即控制权越弱的企业在实施创新战略时的投入越多,企业控制权对创新战略存在显著的消极影响。

由模型2-4的结果还可以看出,在模型3中,姻亲亲子关系对创新战略的回归系数显著(β 姻亲亲子关系 = -946.412,p < 0.01);在模型2

中，姻亲亲子关系对家族控制权的回归系数显著（β 姻亲亲子关系 = 0.047，p<0.001）；在模型4中，家族控制权对企业创新战略的回归系数显著（β 家族控制权 = -1985.251，p<0.001），结合公式5-1到5-3，可以判断家族控制权在姻亲亲子关系对创新战略的负向影响中发挥了中介作用。

由于在逐步检验回归系数法中，其他五类亲缘关系对创新战略的回归系数都不显著，因此需要使用置信区间更为精确、检验效力最高的非参数百分位Bootstrap法，继续检验这五类亲缘关系对家族控制权的回归系数与家族控制权对创新战略的回归系数乘积项的置信区间是否包含零值。参照以往的研究，本书将样本量设定为999，置信区间的置信度设为95%，取样方法则采用偏差校正的非参数百分位法（例如，Cameron & Trivedi，2009；古银华，2016）①②。检验结果表明，创新战略的置信区间包含零值在内，根据Zhao等人（2010）的研究，这说明在其他五类亲缘关系对创新战略的作用中，创新战略的中介作用并不显著③。综上，这些发现支持了假设3的部分成立。

5.3.2 对"家族控制权—创新投入—企业价值"子模型的检验

接着，本书对"家族控制权—创新投入—企业价值"子模型进行了回归分析。模型5仅包含控制变量，对各个控制变量与因变量绩效之间的关系进行回归分析，以明确本书选择的控制变量对于因变量是否带来影响。模型6到模型8检验了家族控制权、创新投入和企业价值之间的关系。回归分析结果如表5-4所示。

---

① Cameron A. C., Trivedi P. K. Microeconometrics using stata [M]. College Station, TX: Stata press. 2009.
② 古银华. 包容型领导对员工创新行为的影响——一个被调节的中介模型[J]. 经济管理. 2016(4):93-103.
③ Zhao X., Lynch Jr. J. G., Chen Q. Reconsidering Baron and Kenny: Myths and truths about mediationanalysis [J]. Journal of Consumer Research. 2010,37(2): 197-206.

表 5-4　家族控制权—创新投入—企业价值的回归分析结果

变量名称	Model 5 DV: $FirmV_{t+1}$	Model 6 DV: $R\&D$	Model 7 DV: $FirmV_{t+1}$	Model 8 DV: $FirmV_{t+1}$
$R\&D$				32.336*** (2.530)
$OwnS$		-1982.709** (681.682)	-251852.1*** (72922.790)	-85625.6 (70319.53)
ROA_{t-1}	11564.85*** (1241.803)	75.013*** (13.744)	13350.28*** (1342.189)	8800.74*** (1372.056)
DAR	841.1353* (424.0747)	21.151*** (4.590)	1526.723*** (465.828)	315.284 (466.503)
$LnEmpN$	165489.3*** (11745.47)	1934.435*** (111.193)	155997.2*** (12021.15)	118059.8*** (12688.070)
$RelN$	6461.94 (13568.2)	186.890+ (101.630)	9348.999 (13586.74)	10468.83 (12628.64)
$Adjun$	-719.794 (15695.69)	139.079+ (107.424)	2057.517 (15659.58)	-2225.988 (14888.24)
$DirN$	-1760.352 (3281.014)	29.670 (32.576)	-2254.938 (3266.820)	-4847.003+ (3037.744)
观测组数	1720	1538	1720	1538
观测数	403	395	403	395
卡方	1522.80 ***	1240.00 ***	1542.49 ***	1735.16 ***

注：1. 括号中是回归系数标准误。

2. ***、**、*和+依次表示在 0.001、0.01、0.05 和 0.1 的显著性水平上显著。

3. 回归分析已将企业所在省份、所处行业、年份等控制变量纳入分析模型中，出于节约篇幅的考虑，未在表格中列出。

由表 5-4 的模型 5 可以看出，在控制变量中，上一期资产回报率、资产负债率、企业规模、亲属总人数、董事长兼任总经理、董事会人数等都能够对因变量企业价值产生显著的影响，表明本文选取的控制变量较为准确，大部分干扰因素都得到了有效的控制。

假设 4 认为家族控制权越弱，家族企业价值越高。为了验证假设 4，本书将家族控制权纳入模型 7。本书构建的回归方程为：

$$FirmV_{t+1} = b_1 OwnS + C_4 + \varepsilon_4 \qquad (5-4)$$

结果显示，家族控制权对企业价值的回归系数（β 家族控制权 = -251852.1，p<0.001）符号为负，而且非常显著，表明企业的股权集中度与企业价值负相关，即企业的股权集中度较高，家族对企业的控制权较强时，企业的价值较低，表明家族控制权对企业价值存在消极影响。这些发现都有力地支持了假设 4 的成立。

假设 5 认为创新战略在家族控制权对企业价值的影响中发挥中介作用。为了验证假设 5，本文将家族控制权和创新战略这两个变量纳入模型 6-8。本书构建的回归方程为：

$$FirmV_{t+1} = b_1 OwnS + C_4 + \varepsilon_4 \qquad (5-5)$$

$$FirmV_{t+1} = b_3 OwnS + b_4 R\&D + C_6 + \varepsilon_6 \qquad (5-6)$$

结果显示，在模型 7 中，家族控制权对企业价值的回归系数（β 家族控制权 = -251852.1，p<0.001）符号为负，而且非常显著。在模型 6 中，家族控制权对创新战略的回归系数（β 家族控制权 = -1982.709，p<0.01）符号为负，而且非常显著。在模型 8 中，加入了创新战略这一变量之后，创新战略对企业价值的回归系数（β 创新战略 = 32.336，p<0.001）符号为正，而且非常显著。与此同时，家族控制权对企业价值的回归系数不再显著，根据公式 5-4 到 5-6，可以判定创新战略在家族控制权对企业价值的负向影响中发挥了完全中介作用。综合来看，假设 5 得到了支持。

5.3.3 对企业成长性的调节作用的检验

本书进而对企业成长性在"控制权—创新投入—企业价值"的影响过程中如何发挥作用进行了回归分析，结果如表 5-5 所示。

第5章 亲缘关系对家族企业影响结果检验

表5-5 企业成长性对于企业价值的调节效应回归分析结果

变量名称	Model 9 DV：$FirmV_{t+1}$	Model 10 DV：$FirmV_{t+1}$	Model 11 DV：$R\&D$	Model 12 DV：$FirmV_{t+1}$
$R\&D$				25.780*** (2.875)
$OwnS$	-251852.1*** (72922.79)	-128140.9+ (78349.47)	-1330.804+ (744.287)	33464.63 (74741.41)
$Grow$		3788.315*** (840.465)	17.252** (8.810)	2255.217+ (881.026)
$OwnS \times Grow$		-3904.776*** (1259.282)	-30.545** (13.172)	-2631.52* (1267.258)
$R\&D \times Grow$				0.230*** (0.049)
ROA_{t-1}	13350.28*** (1342.189)	12244.67*** (1363.678)	83.413*** (14.136)	7207.451*** (1387.271)
DAR	1526.723*** (465.8286)	1247.736** (468.4284)	23.918*** (4.702)	-56.095 (468.821)
$LnEmpN$	155997.2*** (12021.15)	150592.5*** (11919.93)	1904.365*** (112.023)	113231.2*** (12466.84)
$RelN$	9348.999 (13586.74)	10304 (13397.55)	180.441+ (101.5537)	10902.82 (12347.84)
$Adjun$	2057.517 (15659.58)	3359.846 (15420.67)	129.114 (147.222)	-2733.066 (14562.1)
$DirN$	-2254.938 (3266.82)	-2023.441 (3212.33)	31.258 (32.513)	-3836.317+ (2972.21)
观测组数	1720	1720	1538	1538
观测数	403	403	395	395
卡方	1542.49***	1641.20***	1250.30***	1890.54***

注：1. 括号中是回归系数标准误。

2. ***、**、*和+依次表示在0.001、0.01、0.05和0.1的显著性水平上显著。

3. 回归分析已将企业所在省份、所处行业、年份等控制变量纳入分析模型中，出于节约篇幅的考虑，未在表格中列出。

假设6认为企业成长性正向调节了家族控制权对企业价值的影响关系。为了验证假设6，本书将企业成长性和家族控制权这两个变量纳入模型10到模型12。本书构建的回归方程为：

$$R_1^2: FirmV_{t+1} = b_1 OwnS + C_4 + \varepsilon_4 \qquad (5-4)$$

$$R_2^2: FirmV_{t+1} = b_2 OwnS + b_3 Grow + b_4 OwnS * Grow + C_4 + \varepsilon_7 \quad (5-7)$$

结果显示，在模型10中，回归方程仅包含家族控制权，方程的测定系数 R_1^2 为1542.49；在模型10中，回归方程中还加入了企业成长性，以及企业成长性与家族控制权的乘积，方程的测定系数 R_2^2 为1641.20，R_2^2 的系数显著高于 R_1^2。根据公式5-4和5-7，可以判定企业成长性正向调节家族控制权与企业价值之间的负向关系。因此，假设6得到了支持。图5-1反映了企业成长性所带来的正向交互作用。该图表明，家族控制权对企业价值有负向影响，企业成长性越高，这种负向影响就越强。

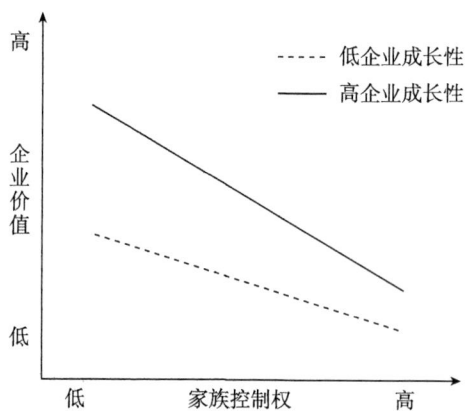

图5-1 企业成长性对家族控制权与企业成长性的调节作用
资料来源：作者绘制。

假设7认为，对于创新战略在家族控制权对企业价值的影响中发挥的中介作用，企业成长性具有正向调节效应。为了验证假设7，本书将家族控制权和创新战略这两个变量纳入模型10到模型12。本书构建的回归方程为：

$$FirmV_{t+1} = b_2 OwnS + b_3 Grow + b_4 OwnS * Grow + C_4 + \varepsilon_7 \qquad (5-7)$$

$$R\&D = b_2 OwnS + b_3 Grow + b_4 OwnS * Grow + C_4 + \varepsilon_8 \quad (5-8)$$

$$FirmV_{t+1} = c_1 OwnS + c_2 Grow + c_3 Grow * OwnS + c_4 R\&D$$
$$+ c_5 Grow * R\&D + C_5 + \varepsilon_9 \quad (5-9)$$

结果显示，在模型 10 中，企业成长性 * 家族控制权对企业价值的回归系数（β 企业成长性 * 家族控制权 = -3904.776，p < 0.001）符号为负，而且非常显著。在模型 11 中，企业成长性 * 家族控制权对创新战略的回归系数（β 企业成长性 * 家族控制权 = -30.545，p < 0.01）符号为负，而且非常显著。在模型 12 中，在加入创新战略以及创新战略与企业成长性的乘积项后，创新战略对企业价值的回归系数（β 创新战略 = 25.780，p < 0.001）符号为正，而且非常显著。根据公式 5-8 到 5-10，可以判定企业成长性正向调节了创新战略的中介作用，而且是第一阶段的调节作用。当企业成长性较强时，创新战略的中介作用变得更强。因此，假设 7 得到了验证。

5.4 稳健性检验

为了进一步验证回归模型实证结果的稳健性，接下来本书通过调整模型进行了稳健性检验。在该检验中，使用上一期息税前利润（Earnings Before Interest and Tax，记为 $EBIT_{t-1}$）代替上一期资产回报率 ROA_{t-1} 作为控制变量，使用包含货币资金的滞后一期企业价值（记为 $FirmVC_{t+1}$）代替不包含货币资金的滞后一期企业价值 $FirmV_{t+1}$ 作为因变量。表 5-6 到表 5-8 给出了与表 5-3 到表 5-5 相呼应的稳健性检验的结果。

在稳定性检验中，本书首先对调整后的因变量、控制变量与其他变量之间的相关关系进行稳健性检验，所得到的结果与表 5-2 大致相同。接着本书对"亲缘关系—家族控制权—创新投入"这一子模型进行了稳健性回归分析。结果如表 5-6 所示。

表 5-6 亲缘关系—家族控制权—创新投入稳健性检验结果

变量名称	Model 13 DV：R&D	Model 14 DV：R&D	Model 15 DV：OwnS	Model 16 DV：R&D
$OwnS$				-453.788* (337.875)
$Spouse$		-276.545 (310.595)	0.032*** (0.010)	-256.933 (311.779)
$ParChi$		-143.694 (315.955)	0.045*** (0.011)	-126.632 (316.811)
$Sibling$		-27.390 (304.725)	0.021** (0.010)	-14.845 (305.196)
$Cousin$		-88.111 (492.625)	-0.010 (0.015)	-96.155 (492.701)
$Chilaw$		-926.391*** (462.947)	0.040*** (0.130)	-928.048** (462.870)
$Sibinlaw$		50.742 (302.334)	0.010 (0.009)	49.468 (302.294)
$EBIT_{t-1}$	-3.506 (8.460)	-3.465 (8.457)	0.0002+ (0.0001)	-3.391 (8.452)
DAR	18.664*** (4.227)	18.297*** (4.231)	0.003*** (0.00007)	19.660*** (4.636)
$LnEmpN$	1959.607*** (110.923)	1947.054*** (110.988)	-0.034*** (0.003)	1930.157 (113.412)
$RelN$	204.406+ (122.938)	320.778 (229.767)	-0.002 (0.007)	322.891 (229.736)
$Adjun$	139.904 (148.315)	120.038 (148.482)	0.014*** (0.003)	125.683 (148.598)
$DirN$	16.727 (32.354)	17.974 (32.330)	-0.002*** (0.0006)	15.539 (32.482)
观测组数	1538	1538	1720	1538
观测数	395	395	403	395
卡方	1184.25***	1196.74***	9545.79***	1198.47***

注：1. 括号中是回归系数标准误。
2. ***、**、*和+依次表示在0.001、0.01、0.05和0.1的显著性水平上显著。
3. 回归分析已将企业所在省份、所处行业、年份等控制变量纳入分析模型中，出于节约篇幅的考虑，未在表格中列出。

第 5 章　亲缘关系对家族企业影响结果检验

表 5-6 是本书对假设 1 到假设 3 的稳健性检验结果。首先，本书对六类亲缘关系对家族控制权的影响进行了检验，包括配偶关系、亲子关系、兄弟姐妹关系、堂/表兄弟姐妹关系、姻亲亲子关系和姻亲兄弟姐妹关系。为了对假设 1 进行稳健性检验，本文将六类亲缘关系和家族控制权这两个变量纳入模型 15。结果显示，配偶关系对家族控制权的回归系数（β 配偶关系 = 0.032，$p < 0.001$）、亲子对家族控制权的回归系数（β 亲子关系 = 0.045，$p < 0.001$）、兄弟姐妹关系对家族控制权的回归系数（β 兄弟姐妹关系 = 0.021，$p < 0.01$）、姻亲亲子关系对家族控制权的回归系数（β 姻亲亲子关系 = 0.040，$p < 0.001$）符号都为正，而且非常显著。堂/表兄弟姐妹关系和姻亲兄弟姐妹关系对家族控制权的回归系数仍然不显著，因此，假设 1a、1b、1c 和 1e 成立的结论通过了稳健性检验，假设 1d 和假设 1f 仍然没有得到支持。

接着，本书对六类亲缘关系对家族企业创新战略的影响进行了检验。为了对假设 2 进行稳健性检验，本书将六类亲缘关系和创新战略都纳入模型 14。结果显示，姻亲亲子关系对创新战略的回归系数（β 姻亲亲子关系 = -926.391，$p < 0.001$）符号为负，而且非常显著。而其他五类亲缘关系对创新战略的回归系数仍然不显著。因此，假设 2e 成立的结论通过了稳健性检验，假设 2a、2b、2c、2d 和 2f 仍然没有得到支持。

本书还对家族控制权在六类亲缘关系对家族企业创新战略影响中发挥的中介作用进行了检验。为了对假设 3 进行稳健性检验，本文将六类亲缘关系、家族控制权和创新战略这三个变量纳入模型 14 到模型 16。结果显示，在模型 14 中，姻亲亲子关系对创新战略的回归系数显著（β 姻亲亲子关系 = -926.391，$p < 0.001$）；在模型 15 中，姻亲亲子关系对家族控制权的回归系数显著（β 姻亲亲子关系 = 0.040，$p < 0.001$）；在模型 16 中，家族控制权对企业创新战略的回归系数（β 家族控制权 = -453.788，$p < 0.1$），由此可以判断家族控制权在姻亲亲子关系对创新战略的负向影响中发挥了中介作用。通过使用非参数百分位 Bootstrap 法进行稳健性检验，本书发现，家族控制权在其他亲缘关系对创新战略的影响中并未发挥中介效

应。因此，假设3的成立通过了稳健性检验。

本书继而对"家族控制权—创新投入—企业价值"这一子模型进行了稳健性回归分析。结果如表5-7所示。

表5-7 家族控制权—创新投入—企业价值的稳健性检验结果

变量名称	Model 17 DV: $FirmVC_{t+1}$	Model 18 DV: $R\&D$	Model 19 DV: $FirmVC_{t+1}$	Model 20 DV: $FirmVC_{t+1}$
R&D				37.366*** (2.605)
OwnS		-487.568* (233.580)	-63793.99+ (52903.1)	-110208.5 (68314.81)
$EBIT_{t-1}$	134.003 (912.496)	-3.448 (8.452)	121.406 (913.261)	171.657 (861.611)
DAR	1413.912*** (453.152)	20.103*** (4.612)	1217.82** (503.513)	189.098 (487.335)
LnEmpN	172472.7*** (12804.01)	1941.194*** (113.37)	175002.3*** (13058.15)	119893.9*** (13481.76)
RelN	20893.4 (14728.59)	213.0162+ (123.360)	19797.01 (14762.57)	15699.62 (13364.11)
Adjun	4946.535 (16937.96)	145.091 (148.362)	3956.807 (16970.08)	-7422.35* (3346.101)
DirN	-6091.867 (3503.575)	14.005 (32.512)	-5829.134+ (3518.811)	17.600+ (14.802)
观测组数	1720	1538	1720	1538
观测数	403	395	403	395
卡方	1313.29 ***	1186.16 ***	1315.30 ***	1641.00 ***

注：1. 括号中是回归系数标准误。

2. ***、**、*和+依次表示在0.001、0.01、0.05和0.1的显著性水平上显著。

3. 回归分析已将企业所在省份、所处行业、年份等控制变量纳入分析模型中，出于节约篇幅的考虑，未在表格中列出。

表5-7是本书对家族控制权对企业价值影响的稳健性检验结果。为了

对假设 4 进行稳健性检验，本书将家族控制权这一变量纳入模型 19。结果显示，家族控制权对企业价值的回归系数（β 家族控制权 = -63793.99，$p<0.1$）符号为负，而且较为显著，表明当家族控制权较集中时，企业的价值比较高。因此，假设 4 的成立通过了稳健性检验。

本书还对创新战略在家族控制权对企业价值的影响中发挥的中介作用进行了检验。为了对假设 5 进行稳健性检验，本书将家族控制权这一变量纳入模型 18 到模型 20。结果显示，在模型 19 中，家族控制权对企业价值的回归系数（β 家族控制权 = -63793.99，$p<0.1$）符号为负，而且非常显著。在模型 18 中，家族控制权对创新战略的回归系数（β 家族控制权 = -487.568，$p<0.1$）符号为负，而且非常显著。在模型 20 中，加入了创新战略这一变量之后，创新战略对企业价值的回归系数（β 创新战略 =37.366，$p<0.001$）符号为正，而且非常显著。与此同时，家族控制权对企业价值的回归系数不再显著。因此，假设 5 的成立通过了稳健性检验。

最后，为了验证"家族控制权—创新战略—企业价值"的具体机制，本书还对企业成长性在其中发挥的调节效应进行了稳健性检验。结果如表 5-8 所示。

为了验证假设 6，本书将企业成长性和家族控制权纳入模型 21 和模型 22。结果显示，模型 21 仅包含家族控制权，其方程的测定系数 R_3^2 为 1315.30，模型 22 中加入了企业成长性、企业成长性 * 家族控制权，其方程的测定系数 R_4^2 为 1432.52，R_4^2 显著高于 R_3^2，表明企业成长性在家族控制权对创新战略的影响过程中发挥了正向调节作用。因此，假设 6 的成立通过了稳健性检验。

为了验证假设 7，本书将企业成长性变量以及企业成长性与创新战略的乘积项纳入模型 22 到模型 24。结果显示，在模型 22 中，企业成长性 * 家族控制权对企业价值的回归系数（β 企业成长性 * 家族控制权 = -2524.151，$p<0.05$）符号为负，而且非常显著。在模型 23 中，企业成长性 * 家族控制权对创新战略的回归系数（β 企业成长性 * 家族控制权 = -18.899，$p<0.1$）符号为负，而且非常显著。在模型 24 中，在加入创新战略以及创新战略与

企业成长性的乘积项后,创新战略对企业价值的回归系数(β 创新战略 =29.776,p<0.001)符号为正,而且非常显著。这些发现表明企业成长性对创新战略的中介作用进行了第一阶段的调节。因此,假设 7 的成立通过了稳健性检验。

表 5-8 企业成长性对于企业价值的调节效应稳健性检验结果

变量名称	Model 21 DV: $FirmVC_{t+1}$	Model 22 DV: $FirmVC_{t+1}$	Model 23 DV: $R\&D$	Model 24 DV: $FirmVC_{t+1}$
$R\&D$				29.776*** (2.973)
$OwnS$	63793.99 (72903.1)	123912.3 (80803.19)	12.082 (718.449)	170626.2** (74972.12)
$Grow$		3264.34*** (899.051)	11.807 (8.719)	1496.825* (898.59)
$OwnS \times Grow$		-2524.151* (1338.232)	-18.899+ (10.957)	-1365.086 (1285.652)
$R\&D \times Grow$				0.258*** (0.051)
$EBIT_{t-1}$	121.406 (913.261)	142.725 (893.984)	-3.385 (8.442)	143.990 (843.035)
DAR	1217.820** (503.513)	774.395 (501.741)	21.385*** (4.710)	-322.109 (487.104)
$LnEmpN$	175002.3*** (13058.15)	169548.2*** (12877.16)	1921.05*** (114.314)	116278.7*** (13221.63)
$RelN$	19797.01 (14762.57)	20909.69 (14484.15)	210.695+ (123.401)	16048.07 (13038.36)
$Adjun$	3956.807 (16970.08)	5893.083 (16632.32)	140.230 (148.31)	-4276.865 (18695.26)
$DirN$	-5829.134+ (3518.811)	-5166.102 (3446.08)	14.206 (32.481)	-5962.079+ (3278.512)
观测组数	1720	1720	1538	1538
观测数	403	403	395	395

续表

变量名称	Model 21 DV: $FirmVC_{t+1}$	Model 22 DV: $FirmVC_{t+1}$	Model 23 DV: $R\&D$	Model 24 DV: $FirmVC_{t+1}$
卡方	1315.30 ***	1432.52 ***	1188.95 ***	1810.05 ***

注：1. 括号中是回归系数标准误。

2. ***、**、*和+依次表示在0.001、0.01、0.05和0.1的显著性水平上显著。

3. 回归分析已将企业所在省份、所处行业、年份等控制变量纳入分析模型中，出于节约篇幅的考虑，未在表格中列出。

最后，需要说明的是，通过计算变量的方差膨胀因子（VIF值），本书判断变量之间不存在显著的共线性，回归结果并未受到严重的多重共线性干扰。

5.5 假设检验情况汇总

基于上述各项统计分析，本书对模型假设的验证结果进行了汇总报告。本书共提出7条主假设和12条子假设，其中2条主假设被部分验证，7条子假设未通过验证，其余10条假设则都通过了验证。具体的研究假设验证结果如表5-10所示。

由表5-10可知，假设1得到了部分验证，其中假设1a、1b、1c、1e成立，而假设1d和假设1f不成立。这表明，不同的亲缘关系对于家族控制权有不同的影响。配偶关系、亲子关系、兄弟姐妹关系、姻亲亲子关系增强企业的股权集中度，从而增强家族的控制权；堂/表兄弟姐妹关系和姻亲兄弟姐妹关系则不会影响家族的控制权。配偶关系、亲子关系、兄弟姐妹关系、姻亲亲子关系同属核心家庭成员，而堂/表兄弟姐妹关系和姻亲兄弟姐妹关系同属非核心家庭成员，可见，在家族对企业的控制权方面，关系更近的亲属比关系远的亲属产生了更强大的影响力。

同样地，假设2也得到了部分验证，其中只有假设2e成立，而假设2a、2b、2c、2d和2f不成立。这表明，不同的亲缘关系对于家族企业创新战略有不同的影响。姻亲亲子关系会限制企业的创新投入，从而抑制家族企业的创新战略。而配偶关系、亲子关系、兄弟姐妹关系、堂/表兄弟姐妹关系和姻亲兄弟姐妹关系则对家族企业的创新战略没有显著影响。可见，在家族企业的创新战略及其投入决策方面，姻亲关系是一类比较有特殊性的存在，其对企业创新战略的负向影响需要深究。

假设3通过了验证，回归结果表明，家族控制权在"亲缘关系—家族控制权—创新战略"这个影响机制中发挥了中介作用。不同的亲缘关系在对创新战略采取抑制或支持决策时，一部分影响力是直接作用在企业的创新战略上，另一部分影响力是通过家族控制权来间接传递的。结合假设1和假设2，可以推测出，姻亲亲子关系会负向影响家族企业的创新战略投入，同时姻亲亲子关系的存在会增强家族企业的控制权，控制权的增强要求减少可能会带来风险和不确定性的创新战略，对可能会带来新产品、新工艺、新商业模式等的创新战略采取更加保守的策略。

假设4通过了验证，表明家族控制权对家族企业的价值会造成负向影响。作为在创业板和中小板上市的经济实体，在一定程度上，家族企业的股权集中在少数人的手里，表明企业的各项战略、财务和经营等决策都会被少数人操控，这增加了企业受到董事会、监事会和高管的主观影响的可能性。如果这部分人的主观存在偏差，将导致企业做出错误的决策，对家族企业的价值造成消极、负面的影响。

假设5通过了检验，而且回归结果表明，创新战略在"家族控制权—创新战略—企业价值"这个影响机制中发挥了完全中介作用。家族控制权通过企业的创新战略对企业价值产生间接影响。具体而言，当家族控制权较强时，为了减少创新战略带来的风险，会减少对创新活动的投入，从而减少了通过创新使得利润空间成倍增长、进入新的细分市场或者甚至带来行业革命的机会，企业价值没有得到提升；当家族控制权较弱时，创新战略带来的不确定性能够被容忍，创新战略的投入有所增加，从而能够通过各种各样的创新活动来增加企业价值。

假设6通过了检验，表明企业成长性对家族控制权和企业价值之间的负向关系有正向的调节作用，在统计上表现为，当企业成长性较高时，家族控制权对企业价值的回归方程斜率的绝对值更大。实际上,企业成长性增强了家族控制权和企业价值之间的负向效应。当企业成长性较高时,无论高家族控制权和低家族控制权都能够导致更高的企业价值,并且这两种情况下的企业价值差距还会正向扩大。

假设7通过了检验,表明创新战略在"家族控制权—创新战略—企业价值"这个影响机制中发挥部分中介作用的同时,企业成长性对创新战略进行了正向调节,创新战略实际上是"被调节的中介"变量。家族控制权的负向影响被企业成长性强化了。企业成长性的调节作用表现在,当企业的主营业务收入增长比率较高,即企业成长性较强时,创新战略的中介效应能够有效地传导家族控制权对企业价值的作用;而当企业的主营业务收入增长率遭遇滑坡,即企业的成长性受到限制时,创新战略的中介效应同样会受到抑制。

表5-9 研究假设验证结果总结

	研究假设	验证结果
假设1	亲属进入家族企业核心层会影响家族对企业的控制权。	部分验证
假设1a	配偶进入家族企业核心层有助于提升家族对企业的控制权。	通过验证
假设1b	子女进入家族企业核心层有助于提升家族对企业的控制权。	通过验证
假设1c	兄弟姐妹进入家族企业核心层有助于提升家族对企业的控制权。	通过验证
假设1d	堂/表兄弟姐妹进入家族企业核心层有助于削弱家族对于企业的控制权。	未通过验证
假设1e	姻亲亲子(儿媳/女婿)进入家族企业核心层有助于提升家族对企业的控制权。	通过验证
假设1f	姻亲兄弟姐妹进入家族企业核心层有助于提升家族对企业的控制权。	未通过验证
假设2	亲属进入家族企业核心层会影响家族企业实施创新战略。	部分验证
假设2a	配偶进入家族企业核心层对家族企业实施创新战略有负向影响。	未通过验证
假设2b	子女进入家族企业核心层对家族企业实施创新战略有负向影响。	未通过验证
假设2c	兄弟姐妹进入家族企业核心层对家族企业实施创新战略有负向影响。	未通过验证
假设2d	堂/表兄弟姐妹进入家族企业核心层对家族企业实施创新战略有负向影响。	未通过验证

续表

研究假设		验证结果
假设2e	姻亲亲子（儿媳/女婿）进入家族企业核心层对家族企业实施创新战略有负向影响。	通过验证
假设2f	姻亲兄弟姐妹进入家族企业核心层对家族企业实施创新战略有正向影响。	未通过验证
假设3	家族控制权在亲缘关系对企业创新战略的影响中发挥中介作用。	通过验证
假设4	家族控制权对家族企业价值有负向影响。	通过验证
假设5	创新战略在家族控制权对企业价值的影响中发挥中介作用。	通过验证
假设6	企业成长性在家族控制权对企业价值的影响中发挥正向调节作用。	通过验证
假设7	对于创新战略在家族控制权对企业价值的影响中发挥的中介作用，企业成长性具有正向调节效应。	通过验证

资料来源：作者整理。

本书包含具体假设、系数和显著性的假设检验具体汇总结果如图5-2所示。

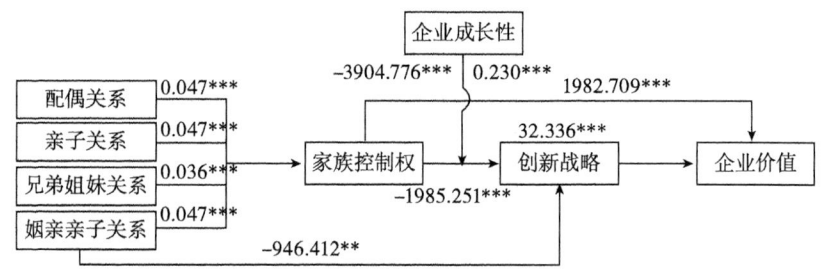

图5-2 假设检验汇总结果图

注：＊＊＊、＊＊、＊和＋依次表示在0.001、0.01、0.05和0.1的显著性水平上显著。

资料来源：作者绘制。

第6章 结论与展望

6.1 研究结论和讨论

本书的出发点是探索上市家族企业内部的亲缘关系如何影响企业价值的机制和过程。本书认为，家族控制权、创新战略和企业成长性是构建亲缘关系对企业价值影响机制的几个重要因素。对中国上市家族企业的面板数据研究结果在一定程度上支持了本文的理论模型和假设。本书主要得出了以下五个研究结论：

第一，将配偶、兄弟姐妹、子女、女婿和儿媳引入家族企业的董事会、监事会、高管层和核心技术层将会增强家族对企业的控制权。配偶、兄弟姐妹、子女、女婿和儿媳可以视作广义的核心家庭，因为当家族企业的业主未成家之前，与其兄弟姐妹同属核心家庭，成家之后与配偶同属核心家庭，其子女成家之后，女婿和儿媳加入了广义的核心家庭。将这四类亲属引入家族企业的核心层，本质上还是家族控制权在核心家庭中的转移和重新配置。在核心家庭中的成员相处的时间非常久，彼此之间互相了解并形成了特殊的非正式契约，更容易形成共同的利益和目标。同时，核心家庭中充斥着利他主义，他人的利益高于自身的利益，他人的幸福也会令自己幸福。核心家族成员形成了关系非常密切的利益群体，他们的加入势必会增强家族对企业的控制权。

将堂/表兄弟姐妹和姻亲兄弟姐妹引入家族企业的董事会、监事会、高管层和核心技术层未必会影响家族对企业的控制权。堂/表兄弟姐妹和姻亲兄弟姐妹并不包含在核心家庭之内。将堂/表兄弟姐妹和姻亲兄弟姐妹引入家族企业无法显著增强家族控制权，其原因可能是：核心家庭并不完全信任他们，堂/表兄弟姐妹和姻亲兄弟姐妹均涉及两个及以上家庭，家庭数量的增加使得亲缘关系变得更加复杂；堂/表兄弟姐妹进入家族企业还可能会导致对家族控制权的争夺和混乱，损害了家族的整体利益；姻亲兄弟姐妹则可能因为能力无法胜任职位，却因为裙带关系而"尸位素餐"，降低了家族企业的控制效率。因此，堂/表兄弟姐妹和姻亲兄弟姐妹对家族控制权的影响并不显著，但也没有造成消极的影响。

第二，将女婿和儿媳引入家族企业的董事会、监事会、高管层和核心技术层将会对企业实施创新战略带来负面影响。女婿和儿媳通过家族控制权影响家族企业开展创新战略活动。由于中国的计划生育政策，很多家庭都只有一个孩子，在这种情况下，女婿和儿媳进入家族企业成为越来越明显的趋势，而且为了增强家族控制权，他们一般都会进入家族企业的核心层。由于生活经历、家庭背景、风俗习惯等方面的不同，女婿和儿媳虽然可以进入广义的核心家庭，但是一般不会像血亲子女一样与原生家庭完全融合。换言之，女婿和儿媳与血亲子女的家庭之间所缔结的信任关系和非正式契约主要还是基于婚姻关系，所以并不如基于血缘关系的联系那样坚不可摧。女婿和儿媳即使进入家族企业的核心层，对放手大干一场实施创新战略还是有较大的顾忌，他们往往不会采取令家族不放心的行为。

将配偶、兄弟姐妹、子女、堂/表兄弟姐妹和姻亲兄弟姐妹引入家族企业的董事会、监事会、高管层和核心技术层未必会影响家族企业实施创新战略。根据实证研究结果来看，这五类亲缘关系对创新战略的影响并不显著。这说明，在配偶、兄弟姐妹、子女、堂/表兄弟姐妹和姻亲兄弟姐妹中，一定也存在愿意锐意进行改革创新又能获得家族成员信任的人群，尤其是配偶、兄弟姐妹和子女这三类核心家庭成员，堂/表兄弟姐妹和姻亲兄弟姐妹这两类非核心家庭成员则既有可能会带来家族企业创新战略所需的关键资源（因为他们是家族企业获取外部优质资源的重要途径之一），也有可能降低家族企业实施创新战略的效果。本书认为，配偶、兄弟姐妹、子女、堂/表兄弟姐妹和姻亲兄弟姐妹对创新战略的影响研究还需要增加更多情境条件。

第三,家族对企业的控制权越集中,越不利于家族企业提升价值。家族控制权通过左右创新战略决策来影响企业价值。虽然家族企业内部一定程度的控制权有助于遏制代理成本,然而较高的股权集中度还是会为家族企业带来伤害。不论是引入配偶、兄弟姐妹、子女、女婿还是儿媳,家族控制权都会显著提高,而由于核心家庭中利他行为的存在,家族企业内部的搭便车、偷懒和裙带关系行为都会增加。而且实证结果表明,家族企业控制权过度集中后确实会导致隧道行为,家族成员极有可能会偷偷转移上市企业的利益,以满足自身的控制权私利。事实上,对于当前的中国家族企业而言,家族股东对社会股东的代理问题,可能比代理人对家族委托人的代理问题要更为严重,因此,在一定程度上降低股权集中度是有助于提升企业价值的。

家族股权集中度过高从而降低企业利益的途径之一就是降低研发投入水平,抑制家族企业的创新战略。这个发现也与朱沆等人(2016)的研究结果不谋而合[①],家族企业无论是研发投入还是专利数量都明显低于私营非家族企业,金字塔控股结构的家族企业的研发倾向和研发投入都显著低于国有企业和私营非家族企业。其原因可能有三:其一,家族企业为了保证家族控制权,反对高风险的创新战略投资,防范可能会导致他们失去控制权的危机;其二,家族成员为了掏空优质的上市企业,将本该注入创新战略的资金通过利益输送收入囊中;其三,家族企业确实愿意冒险实施创新战略,但前提是与关联企业共同进行开发投资,这可能导致家族企业没有找到产品创新、技术创新、商业模式创新等的最佳合作企业,使得研发的投入产出比显著降低。

第四,当家族企业处于高成长性阶段时,其家族控制权对企业价值的负面影响较强;当家族企业处于低成长性阶段时,其家族控制权对企业价

---

① 朱沆,Eric Kushins,周影辉. 社会情感财富抑制了中国家族企业的创新投入吗?[J]. 管理世界. 2016(3):99-114.

值的负面影响较弱。高成长性通常出现在家族企业的成长时期，低成长性通常出现在家族企业的初创时期和成熟时期（这里将衰退期和转化期归入成熟后期）。在家族企业初创时期，家族成员基本都是家族企业的创始元老，为家族企业的经营管理倾注了很多心血，对家族企业的感情很深，此时较少会为了控制权私利而伤害企业，同时股权集中有利于家族企业快速对市场做出反应，因此抵消了对企业价值的一部分负面影响。在家族企业成长时期，企业规模和市场快速扩张，企业内部与外部资金往来频繁，员工数量增加使得管理难度增加，此时家族成员有机会偷偷地实施掏空行为而不被发现，这增加了他们损害企业利益的概率。在家族企业成熟时期，企业内部的制度环境已经完善，管理已经有固定的模式可以遵循，人员之间的相处模式也已形成了特定的文化环境，在这样一个有秩序、有效率的企业中实施机会主义行为的成本很高，这限制了家族成员获取控制权私利的空间。

第五，当家族企业处于高成长性阶段时，创新战略在家族控制权与企业价值之间发挥的中介效应较强；当家族企业处于低成长性阶段时，创新战略在家族控制权与企业价值之间发挥的中介效应较弱。如前文所述，当家族企业处于初创时期和成熟时期，家族成员因为各种条件所限，即使为了满足自身的控制权私利，去影响企业创新战略的可能性也比较小；当家族企业处于快速成长时期，企业有大量资金用于扩张和研发投入，家族成员很有可能受到获取控制权私利的引诱去实施掏空行为，令企业价值因为创新战略的开展不利而受到很大的损失。在现实情况中，与控制权相关的隧道行为也确实在企业的高成长阶段出现频率较高，这符合本书的研究结论。

6.2 研究创新

本书在以下几个方面丰富了现有的文献：

第一，细化近亲、远亲、血亲、姻亲等亲属大类，深入构建六种主要的亲缘关系对家族企业影响的综合模型。以往的文献对亲缘关系在家族企业中发挥的作用往往都是基于团体来研究的,例如近亲属、远亲属、姻亲亲属、血亲亲属、亲信等,或者只是专门研究某种亲缘关系对家族企业的影响,例如配偶关系、亲子关系、兄弟姐妹关系等,较少有研究将主要的亲缘关系都放在同一个模型中加以研究。因为不同模型在研究对象、变量测量、数据收集和控制变量选取等方面的差距,很难将各种亲缘关系做出真实的对比。本书基于上述考虑,构建了包含配偶关系、亲子关系、兄弟姐妹关系、堂/表兄弟姐妹关系、姻亲亲子关系和姻亲兄弟姐妹关系的理论模型,并就这六种主要的亲缘关系与家族控制权和创新战略的关系进行了实证检验,将家族企业研究从"家族企业与非家族企业"的层面推进到"家族企业之间"的层面,揭开了家族企业内部不同亲缘关系作用的神秘面纱。

第二,揭开家族企业价值影响机制的"黑箱",探究亲缘关系对家族企业价值的影响路径。以往研究很少对亲缘关系与家族企业价值的影响做出研究,很多研究都是止步于"亲缘关系—家族控制权""家族企业—创新战略""家族控制权—企业价值""创新战略—企业价值"这些理论模型,并未将"亲缘关系—家族控制权—创新战略—企业价值"这个机制进行完整的考虑与研究。本书发现,亲缘关系与家族企业价值之间存在着间接的影响关系。将配偶关系、子女关系、兄弟姐妹关系、姻亲子女关系引入家族企业的董事会、监事会、高管层或核心技术层有助于增强家族对企业的控制权,而依靠姻亲子女关系增强的家族控制权会进一步削弱家族企业的创新倾向和研发投入,导致家族企业的价值受到损害。尽管本书对其他五种类型的亲缘关系会如何参与该机制并没有得到显著的结论,但是对于中国的家族企业而言,本书发现,较高的家族控制权对企业价值的弊端超过了好处,它所带来的负面效应已经超过了股权集中所带来的正面效应。

第三,发掘亲缘关系对家族企业价值的影响机制在家族企业不同发展阶段具有的不同路径特征。在成长性较低的初创时期和成熟时期,虽然亲缘关系会通过家族控制权影响创新战略,再影响企业价值,但是该作用路径其实受到了低成长性的限制。即使在这两个时期，家族企业内部的亲缘关系使得创新战略受到阻碍和抑制，家族企业价值受到的损害也在一定范围内。然而，在成长性较高的企业成长时期，家族企业为了快速扩张和拓展市场，需要依靠创新战略来打开局面，会预留大量的资金投入到创新活动，这增加了家族成员掏空利益的机会。如果家族成员选择在此时转移上市企业原本用于研发投入的资金，或者限制企业的研发投入倾向，那么对急需创新战略来支撑发展的家族企业而言，将是较为沉重的一击，对企业价值带来非常大的负面影响。

第四，关于社会情感财富理论与委托代理理论的悖论与连接点，本书也有比较有意义的发现。一方面，社会情感财富理论认为，家族企业具有保留社会情感财富、追求非经济目标的特点。与非家族企业相比，家族企业更加看重的是家族及企业的存续、家族声誉的维持和家族对企业的控制，为了这些非经济的目标，他们甚至可以放弃一部分经济利益。因此，家族企业的创新倾向和研发投入的水平都比较低，它们更担心创新战略带来的风险会影响到社会情感财富的延续，而不是更关注创新战略高风险背后带来的高收益。另一方面，委托代理理论认为，在股权集中型家族企业中，由于家族成员大量涉入家族企业，家族企业的控制权被掌控在控制性家族手中，家族股东和社会股东之间存在非常大的权力差距和信息不对称，家族成员有很大的动机去实施隧道行为，占用研发资金或降低研发资金使用效率，影响企业价值的创造和提高。因此，可以看到，社会情感财富理论认为家族企业更愿意追求非经济利益，而委托代理理论认为家族企业会为了控制权私利而不顾家族企业的声誉和形象，二者之间存在理论悖论。但是，无论追求非经济利益或控制权私利，家族企业的牺牲品都是创新战略和研发投入活动。当家族企业的股权集中度太高时，创新战略受到抑制，企业价值就会受到负面影响。

先前研究认为，中国民营上市企业一定比例的股权集中度有助于提升企业价值，例如，苏启林（2004）[①]、于建霞和曹廷求（2002）[②]等人的研究均得出了这个结论。那么如何解释本书与先前研究的不一致呢？一个原因可能是，当时用于股权集中度与企业价值的研究数据都属于2004年以前收集的数据样本，那时中国的股东权利保护不足，只有一定的股权集中度才能够弥补法律的不足，保证对管理者的监督。而本书的数据样本来自2004年到2014年的家族企业，对于家族企业而言，大股东与代理人的关系往往更加亲密，甚至有些大股东本身就担任代理人的职务，大股东和代理人有同源性，而且随着中国公司法律的发展，股东和代理人之间的权利保护正在日臻完善，但是，家族大股东对社会股东的代理成本却仍然居高不下，这导致了家族企业价值的下降。

6.3 实践启示

本书对上市家族企业的管理实践也有一定的指导意义：

第一，家族企业在引入家族成员进入董事会、监事会、高管层或核心技术层时，应该尽量保持适度的原则，使得家族成员直接或间接拥有的控制权维持在合适的比例。当前，很多家族企业包含配偶、兄弟姐妹、子女、女婿和儿媳等亲缘关系。例如，合肥东方节能科技股份有限公司的实际控制人为徐庆云和赵家柱，他们是夫妻关系，分别担任企业的董事长和总经理的职务，合计直接或间接持有东方节能公司55.61%股份。该企业的发起自然人还包括徐庆云的姐妹徐海云和赵家柱的兄弟赵家友，二人都担任东方节能的董事职务。董事长徐庆云的父亲徐立民是企业的核心人员。再如，哈尔斯有限公司的第一代家族控制人董事长吕强和配偶金美儿没有生育儿子，他们将一部分股权让渡给了两个女儿和两个女婿，两个女婿还在企业中担任董事职务。可见，核心家庭是家族企业增强控制权的强有力支持。

[①] 苏启林.代理问题、公司治理与企业价值——以民营上市公司为例[J].中国工业经济.2004(4):100-106.

[②] 于建霞,曹廷求.股权结构的国际比较:理论与实证[J].山东社会科学.2002(4):44-46.

然而，近年来，一些家族企业的控制性家族通过建立股权金字塔结构，通过隐秘的隧道或掏空行为，攫取和侵占中小股东的利益，使得家族企业的声誉受到非常大的损害。例如，德隆系、格林柯尔系、朝华系等掏空行为仍令市场记忆犹新。曾有数据统计表明，2005年掏空上市公司的20大控制性股东中，家族企业的股东比例高达65%①。因此，家族对企业的控制权越高，社会股东对家族企业实施隧道行为的疑虑就越大，这将增加家族企业的代理成本和融资成本，不利于企业价值的提高。

不仅如此，过多地引入家族成员还会导致家族企业内部亲缘关系复杂性提升，导致家族和企业双重冲突的产生。例如，真功夫快餐的创始人蔡达标及其家族内部的矛盾所引发的控制权争夺大战令真功夫元气大伤，而这场控制权争夺的关键人物就是蔡达标、其当时的妻子潘敏峰以及潘敏峰的弟弟潘宇海。当年蔡达标、潘敏峰和潘宇海一起创业时，蔡达标和潘宇海各占家族企业50%的股份，即使在引入私募股权投资后，两人的股权比重仍是各为47%。这样的股权结构没有使得家族对企业的整体控制权增强，反而使得原本的家族企业裂变为蔡、潘两个家族的争夺对象。再加上蔡达标和潘敏峰的婚姻遭遇挫折，家族企业的控制权斗争愈演愈烈，最终以蔡达标锒铛入狱而落幕。

第二，在家族企业发展的不同时期，可以考虑引入不同类型的亲缘关系。所谓"打虎亲兄弟，上阵父子兵""夫妻同心，其利断金"，在家族企业创立初期，创始人可以将自己的配偶、兄弟姐妹、子女、儿媳或女婿引入家族企业的核心层，形成一致行动人和统一战线，进行家族化管理，核心家庭齐心协力将家族企业扶上正轨。例如，中国民族资本家的代表人物荣宗敬和荣德生兄弟、亚厦股份的丁欣欣和张杏娟夫妻等都是这类家族企业的典型。

在家族企业成长发展时期，可以考虑限制部分核心家庭成员的权力，适当地"去家族化"以在企业内部建立起规范化、制度化的经营管理模

---

① 数据来源：上海国家会计学院。

式。在这方面，美的集团的做法值得借鉴。1997年，何享健在美的引入了职业经理人制度，在企业内建立了事业部制度和集权—分权模式，并借机劝退了一部分美的创始元老，其中就包括他的夫人。2009年，何享健再度放权，从美的电器董事长的职位上卸任，由职业经理人方洪波接任集团董事长、美的电器董事长和总裁。其子何剑锋加入美的董事会，但并不在企业内部担任管理职务。其女何倩嫦和何倩兴则控股美的上下游供应链中的企业。同时，何享健仍然是美的集团的实际控制人和大股东，保证了美的集团的企业行为符合家族的整体利益。

在家族企业成熟时期，企业经营管理制度已经建立，此时家族企业无论是引入家族成员还是选择职业经理人队伍，都由于较低的企业成长性而对企业价值的影响有限。然而，当家族企业进入成熟时期，虽然其成长性较低，但是企业价值、业务收入等基数较大，引入家族成员增强企业控制权仍然会对企业价值带来负面影响。因此，在这一时期，家族企业仍需坚持限制家族成员进入企业董事会、监事会、高管层或核心技术层的决策，从长远来看这样做有利于企业价值的提升。

第三，家族企业应该提高创新战略投入水平。目前大部分中国家族企业都聚集在制造行业，而制造行业的转型升级压力较大，迫切需要提高研发投入并增强研发产出。创新战略在家族企业中遭遇着两方面的阻碍：家族保留社会情感财富和追求控制权私利的目标。虽然家族化管理造成了这些阻碍，但是要求家族企业让渡家族对企业的所有权、管理权和控制权是不合理的，可以鼓励部分家族成员保留所有权、放弃管理权，退出家族企业、进入关联或不关联企业，对企业未来的战略导向做出创新承诺。同时，为了防止控制权私利对企业价值的损害，还需要在企业内部建立完善的正式制度，以制度化和规范化的管理挤压控制权私利的转移空间，保证家族企业的创新战略得以顺利执行。

对于核心家族成员（包括配偶、子女、兄弟姐妹、儿媳/女婿）和非核心家族成员（堂/表兄弟姐妹、姻亲兄弟姐妹）对家族企业价值的影响机制，本书以矩阵图的形式进行展示（见表6-1）。实际上，社会情感财富中延续家族对企业的控制与保证家族企业的基业长青和竞争优势的目标有时是矛盾的，家族必须在二者之间实现平衡。完全解除家族控制权或者完全放弃创新战略是不可能的，家族企业可以在家族成员在企业中的人事安排方面做到权变，从而动态地满足实现企业价值长期增长的需求。

表6-1 核心家族成员与非核心家族成员对企业价值的影响机制

亲缘关系	
核心家族成员	非核心家族成员
家族控制： 核心家族成员的加入令家族控制显著增强。	**家族控制：** 非核心家族成员的加入对家族控制权的影响方向不确定。
创新战略： 姻亲子女的加入令创新战略受到负面影响。	**创新战略：** 非核心家族成员的加入对创新战略的影响方向不确定。
企业价值： 企业价值降低，在企业成长性较高时尤为显著。	**企业价值：** 企业价值影响不确定。

资料来源：作者整理。

6.4 局限性

由于进行研究时的时间、条件所限，本书还存在以下几方面的局限性，有待今后的研究进一步完善：

第一，数据样本的局限性。由于数据收集的时间和条件所限，本书只收集了受到政府和国资影响较少的创业板和中小板上市家族企业的数据，并且建立了一个不包含政企联系和高管政治关联的理论模型。考虑到未来我国的家族企业更多是在市场经济环境中发展，不再具有特殊的背景和历史，所以本文的研究结果更多地反映了这部分企业的情况。另外，由于创新战略投入等变量的数据存在缺失，导致本书的数据样本所包含的信息受到一定的损失。

第二，变量测量的局限性。由于收集数据并对数据进行人工筛选和摘录的工作非常艰巨，因此本书并未对家族控制权的类型进行详细的划分，而是统一用前五大股东的持股比例进行表示。实际上，可以根据前五大股东的身份进行深入的探索，对家族控制权进行进一步的划分，以得出更多结论。本书的部分假设没有得到支持也与分类不够细致有关系。

第三，研究方法的局限性。除了研究各种各样的亲缘关系对家族企业的影响，还可以探究不同亲缘关系的组合在家族企业中发挥的作用。由于面板回归方法所限，本书无法更进一步研究哪些亲缘关系组合能够引致较高的企业价值。在家族企业中，往往存在不止一种亲缘关系，在单独研究某种亲缘关系的同时也需要分析亲缘关系组合的作用，本书在这方面还可以更加完善。

6.5 未来研究方向

未来的研究可以从以下这些方面丰富本书的结果和发现：

第一，对于本书的样本局限性问题，后续研究可以利用全部 A 股上市家族企业的数据进一步检验本书的结论，并考虑更为复杂和相互作用的理论模型，将政府和国家资产的作用考虑在内。今后的研究可以尝试搜集更多企业在更多年份的创新战略投入信息，形成更大的面板数据样本，来继续探索本文的研究主题。张建君和张闫龙（2016）认为，"更全面的数据和更长期的观察将会有助于研究得出更加稳定可靠的结论"[①]。

第二，对于家族企业与非家族企业最大的区别——亲缘关系，本书的刻画和测量还比较粗糙，仅仅考察了各种主要的亲缘关系是否存在于家族企业当中，并未考虑亲缘关系所代表的经济资源、社会资本、个人特质等方面，以及各种家庭成员所担任的不同职位之间的差异，未来的研究可以丰富本书的测量指标，将亲缘关系在家族企业内部发挥的作用更加具象化。

第三，未来的研究可以探索亲缘关系、家族控制权、创新战略等和企

---

① 张建君,张闫龙. 董事长—总经理的异质性、权力差距和融洽关系与组织绩效[J]. 管理世界,2016(1):110－120.

业价值之间的非线性关系。例如，亲缘关系在家族企业中的匮乏和过度可能都会对企业价值产生负面影响，而这些影响又是通过家族控制权和创新战略发挥作用的，适度的亲缘关系可能才是在这个影响机制中最有益于家族企业发展和成长的。再比如，家族控制权过于集中和过于分散都会影响家族企业的战略决策和稳定发展。在家族企业发展的不同阶段，对家族控制权都有不同的要求。适度的家族控制权以及控制权的分配如何达到平衡也是一个非常重要的话题。

第四，未来研究可以进一步甄别女性亲属与男性亲属在家族企业中发挥的不同作用。在全世界范围内的家族企业中，女性亲属进入家族企业工作的机会往往要小于男性亲属，尤其是在以男权社会为特征的亚洲国家中。与男性的事业进取心和社会责任不同，女性通常较为关注家族内部关系与人际和谐。因此，与男性亲属相比，将女性亲属引入家族企业是否会令企业在控制权和创新战略决策方面产生差异？尤其在子女将要继承家族企业的时代，这是未来研究需要重点关注的话题。

参考文献

1. 晁上. 论家族企业权力的代际传递[J]. 南开管理评论. 2002(5):19-23.

2. 陈德球,肖泽忠,董志勇. 家族控制权结构与银行信贷合约:寻租还是效率?[J]. 管理世界. 2013(9):130-143.

3. 陈冬华,梁上坤,蒋德权. 不同市场化进程下高管激励契约的成本与选择:货币薪酬与在职消费[J]. 会计研究. 2010(11):56-64.

4. 陈凌. 信息特征、交易成本和家族式组织[J]. 经济研究. 1998(7):27-33.

5. 陈凌. 面向网络时代的中国家族企业研究[J]. 学术研究. 2001(5):12-13.

6. 陈凌. 2014中国家族企业健康指数报告[M]. 杭州:浙江大学出版社,2014.

7. 陈凌,吴炳德. 市场化水平、教育程度和家族企业研发投资[J]. 科研管理. 2014(7):44-50.

8. 陈晓红,李喜华,曹裕. 技术创新对中小企业成长的影响——基于我国中小企业版上市公司的实证分析[J]. 科学学与科学技术管理. 2009(4):91-98.

9. 陈永志,郑若娟. 略论中国家族企业制度创新[J]. 经济学家. 2005(3):83-89.

10. 成京联,阮梓坪. 企业价值理论与企业价值评估[J]. 求索. 2005(10):29-31.

11. 池国华,王志,杨金. EVA 考核提升了企业价值吗?——来自中国国有上市公司的经验证据[J]. 会计研究. 2013(11):60-66.

12. 褚小平. 职业经理与家族企业的成长[J]. 管理世界. 2002(4):100-108.

13. 储小平. 华人家族企业的界定[J]. 经济理论与经济管理. 2004(1):49-53.

14. 储小平. 家族企业的成长与社会资本的融合[M]. 北京:经济科学出版社,2004.

15. 崔鼎昌,曾楚宏. 基于信任的家族企业控制权配置及其演化研究[J]. 中央财经大学学报. 2014(5):79-85.

16. 代彬. 高管控制权与自利行为研究——来自国有上市公司的经验证据[D]. 重庆:重庆大学. 2011.

17. 董仲舒. 春秋繁露[M]. 周桂钿,译. 北京:中华书局. 2011.

18. 窦军生,张玲丽,王宁. 社会情感财富框架的理论溯源与应用前沿追踪——基于家族企业研究视角[J]. 外国经济与管理. 2014(12):64-80.

19. 窦炜,刘星,安灵. 股权集中、控制权配置与公司非效率投资行为——兼论大股东的监督抑或合谋?[J]. 管理科学学报. 2011(11):81-96.

20. 杜勇,刘建徽,杜军. 董事会规模、投资者信心与农业上市公司价值[J]. 宏观经济研究. 2014(2):53-62.

21. 方杰,张敏强. 中介效应的点估计和区间估计:乘积分布法、非参数 Bootstrap 和 MCMC 法[J]. 心理学报. 2012(44):1408-1420.

22. 费孝通. 乡土中国[A]. 费孝通卷(东方之子、大家丛书)[C]. 北京:华文出版社,1999.

23. 费孝通. 乡土中国[M]. 上海:上海世纪出版集团,2010.

24. 冯军政,刘洋,魏江. 如何驱动不连续创新:组织学习视角的案例研究[J]. 科研管理. 2013(4):24-33.

25.《福布斯》中文版:2012 中国现代家族企业调查报告.

26. 高闯,郭斌. 创始股东控制权威与经理人职业操守——基于社会资本的"国美电器控制权争夺"研究[J]. 中国工业经济. 2012(7):122-133.

27. 关勇军,瞿旻. 基于深圳中小板的家族企业与创新投入关系的实证研究[J]. 中国科技论坛. 2012(7):38-43.

28. 郭海,薛佳奇. 领导权变更、创业导向及自主创新间关系的实证研究[J]. 管理学报. 2011(2):241-247.

29. 国家经济贸易委员会中小企业司、国家统计局工业交通司、中国企业评价协会联合课题组. 成长型中小企业评价方法的体系[J]. 北京统计. 2001(5):9-10.

30. 郭萍. 独生子女家族企业的传承研究:基于比较的视角[J]. 理论月刊. 2015(3):132-136.

31. 郝敬鑫,徐彪,张珣. 区域背景影响企业绩效研究——基于工业制造企业绩效的方差成分分析[J]. 华东经济管理. 2010(11):59-64.

32. 郝颖,刘星,林朝南. 上市公司大股东控制下的资本配置行为研究——基于控制权收益视角的实证研究[J]. 财经研究. 2006(8):81-93.

33. 贺小刚,连燕玲. 家族权威与企业价值:基于家族上市公司的实证研究[J]. 经济研究. 2009(4):90-102.

34. 贺小刚,连燕玲,李婧,梅琳. 家族控制中的亲缘效应分析与检验[J]. 中国工业经济. 2010(1):135-146.

35. 洪银兴. 自主创新投入的动力和协调机制研究[J]. 中国工业经济. 2010(8):15-22.

36. 胡玮玮. 浙商家族企业隐性知识代际传承矩阵:基于多案例的探索性研究. 商业经济与管理[J]. 2014(1):50-58.

37. 胡旭阳,吴一平. 国家族企业政治资本代际转移研究——基于民营企业家参政议政的实证分析[J]. 中国工业经济. 2016(1):146-160.

38. 胡志颖,丁园园,郭彦君,萨茹拉. 风险投资网络、创新投入与创业板IPO公司成长性——基于创新投入中介效应的分析[J]. 科技进步与对策. 2014(10):90-94.

39. 惠恩才. 关于上市公司成长性分析[J]. 财经问题研究. 1998(4):49-51.

40. 黄群慧. 控制权作为企业家的激励约束因素:理论分析及现实解释意义[J]. 经济研究. 2000(1):41-47.

41. 贾明德,樊增强. 中国中小企业技术创新基础及实证研究[J]. 管理世界. 1996(2):56-99.

42. 姜跃龙. 具有政府背景的高管继任影响公司价值吗?——托宾Q值视角下的解读[J]. 中山大学研究生学刊(社会科学版). 2008(1):82-89.

43. 金辉,李秋浩. 资本结构、成长性与中小企业价值——基于面板门槛模型的实证研究[J]. 商业研究. 2015(2):144-151.

44. 金祥荣,余立智. 控制权市场缺失与民营家族制企业成长中的产权障碍[J]. 温州论坛,2002(1):32-36.

45. [德]卡尔·马克思. 资本论[M]. 郭大力,王亚南,译. 上海:上海三联书店. 2009.

46. [美]克林·盖尔西克. 家族企业的繁衍——家族企业的生命周期[M]. 贺敏,译. 北京:经济日报出版社. 1998.

47. 李斌,孙月静. 中国上市公司控制权特征及其对公司绩效的影响——基于改进的投票概率模型[J]. 中国软科学. 2011(1):124-134.

48. 李剑力. 探索性创新、开发性创新与企业绩效关系研究——基于冗余资源调节效应的实证分析[J]. 科学学研究,2009(9):1418-1427.

49. 李前兵,颜光华,丁栋虹. 家族企业引入职业经理后的内部治理模式与企业绩效——来自中小家族企业的证据[J]. 经济科学. 2006(2):54-63.

50. 李善民,王陈佳. 家族企业的概念界定及其形态分类[J]. 中山大学学报(社会科学版). 2004(3):66-70.

51. 李新春. 单位化企业的经济性质[J]. 经济研究. 2001(7):35-43.

52. 李新春. 信任、忠诚与家族主义困境[J]. 管理世界. 2002(6):

87-93.

53. 李新春. 经理人市场失灵与家族企业治理[J]. 管理世界. 2003(4):87-95.

54. 李新春,何轩,陈文婷. 战略创业与家族企业创业精神的传承——基于百年老字号李锦记的案例研究[J]. 管理世界. 2008(10):127-140.

55. 连军. 组织冗余、政治联系与民营企业R&D投资[J]. 科学学与科学技术管理. 2013(1):3-11.

56. 连燕玲,张远飞,贺小刚,梅琳. 亲缘关系与家族控制权的配置机制及效率——基于制度环境的解释[J]. 财经研究. 2012(4):91-101.

57. 梁强,李新春,郭超. 非正式制度保护与企业创新投入——基于中国民营上市企业的经验研究[J]. 南开经济研究. 2011(3):97-110.

58. 林川,曹国华,丘邦翰,毕家豫. CEO控制权、成长性与审计定价[J]. 当代财经. 2011(4):110-119.

59. 林钟高,刘捷先,章铁生. 企业负债率、研发投资强度与企业价值[J]. 税务与经济. 2011(6):1-11.

60. 刘东,张震,汪默. 被调节的中介和被中介的调节:理论构建与模型检验[C]. 陈晓萍,徐淑英,樊景立. 组织与管理研究的实证方法(第二版)[M]. 北京:北京大学出版社. 2012.

61. 柳建华,魏明海,郑国坚. 大股东控制下的关联投资:"效率促进抑"或"转移资源"[J]. 管理世界. 2008(3):133-141.

62. 刘金林. 创业板上市企业成长性评价指标体系的设计及实证研究[J]. 宏观经济研究. 2011(8):56-64.

63. 刘少波. 控制权收益悖论与超控制权收益——对大股东侵害小股东利益的一个新的理论解释[J]. 经济研究. 2007(2):85-96.

64. 刘胜强,刘星. 董事会规模对企业R&D投资行为的门槛效应分析——基于制造业和信息业面板数据的经验证据[J]. 预测. 2010(6):32-37.

65. 刘婷,刘巨钦. 我国家族企业子承父业影响因素及实施策略研究

[J]. 宏观经济研究. 2012(6):100-106.

66. 刘洋,应瑛. 架构理论研究脉络梳理与未来展望[J]. 外国经济与管理. 2012(6):74-81.

67. 刘珍芝. 机构投资者、终极控制人与企业价值创造能力——来自我国高新技术上市公司的经验证据[J]. 财经问题研究. 2016(2):79-83.

68. 陆智强,李红玉. 监督强度、决策效率与董事会规模——来自中国上市公司的经验证据[J]. 上海经济研究. 2012(11):34-44.

69. 罗婷,朱青,李丹. 解析 R&D 投入和公司价值之间的关系[J]. 金融研究,2009(6):100-110.

70. 马丽波,付文京. 产权契约与家族企业治理演进[J]. 中国工业经济. 2006(5):120-126.

71. 马连福,张琦,王丽丽. 董事会网络位置与企业技术创新投入——基于技术密集型上市公司的研究[J]. 科学学与科学技术管理. 2016(4):126-136.

72. 梅波. 制度环境、行业周期效应与控制权和现金流权[J]. 经济与管理. 2013(5):66-74.

73. 梅德强,龙勇. 不确定性环境下创业能力与创新类型关系研究[J]. 科学学研究. 2010(9):1413-1421.

74. 钱颖一. 企业理论[C]. 汤敏、茅于轼. 现代经济学前沿专题(第一集)[M]. 北京:商务印书馆. 1989.

75. 乔为国. 商业模式创新[M]. 上海:上海远东出版社,2009.

76. [美]切斯特·I·巴纳德. 经理人员的职能[M]. 王永贵,译. 北京:机械工业出版社. 2013.

77. 冉戎,刘星. 合理控制权私有收益与超额控制权私有收益——基于中小股东视角的解释[J]. 管理科学学报. 2010(6):73-83.

78. 石水平. 控制权转移、超控制权与大股东利益侵占——来自上市公司高管变更的经验证据[J]. 金融研究. 2010(4):160-176.

79. 苏启林,欧晓明. 西方家族企业理论研究现状[J]. 外国经济与管理.2002(12):6-12.

80. 苏启林,万俊毅,欧晓明.家族控制权与家族企业治理的国际比较[J].外国经济与管理.2003(5):2-8.

81. 苏启林,朱文.上市公司家族控制与企业价值[J].经济研究.2003(8):36-45.

82. 苏启林.代理问题、公司治理与企业价值——以民营上市公司为例[J].中国工业经济.2004(4):100-106.

83. 苏启林,钟乃雄.民营上市公司控制权形成及其影响研究[J].管理世界.2005(5):131-137.

84. 孙晓华,郑辉.买方势力对工艺创新与产品创新的异质性影响[J].管理科学学报.2013(10):25-39.

85. 王明琳,周生春.控制性家族类型、双重三层委托代理问题与企业价值[J].管理世界.2006(8):83-93.

86. 王明琳,徐萌娜,王河森.利他行为能够降低代理成本吗?——基于家族企业中亲缘利他行为的实证研究[J].经济研究.2014(3):144-157.

87. [英]威廉·配第.赋税论[M].薛东阳,译.武汉:武汉大学出版社.2011.

88. 魏江,冯军政.国外不连续创新研究现状评介与研究框架构建[J].外国经济与管理,2010(6):9-16.

89. 魏明海,黄琼宇,程敏英.家族企业关联大股东的治理角色——基于关联交易的视角[J].管理世界.2013(3):133-147.

90. 翁智刚,唐元懋,张平.渠道创新绩效传递及动态机制研究——基于中国上市银行2007—2013年面板数据[J].南开管理评论.2015(5):110-121.

91. 温忠麟,侯杰泰,张雷.调节效应与中介效应的比较和应用[J].心理学报.2005(2):268-274.

92. 温忠麟,张雷,侯杰泰.有中介的调节变量和有调节的中介变量[J].

心理学报.2006(38):448-452.

93. 温忠麟,刘红云,侯杰泰.调节效应和中介效应分析[M].北京:教育科学出版社.2012.

94. 温忠麟,叶宝娟.有调节的中介模型检验方法:竞争还是替补?[J].心理学报.2014(5):714-726.

95. 吴昌南.国内外模仿创新研究述评[J].技术与创新管理.2009(1):1-7.

96. 吴炯.家族企业剩余控制权传承的地位、时机与路径——基于海鑫、谢瑞麟和方太的多案例研究[J].中国工业经济.2016(4):110-126.

97. 吴天凤,郭险峰.家族企业管理创新动力机制探讨[J].软科学.2009(2):54-57.

98. 伍伟.基于托宾q的公司治理与公司价值关系的实证研究[J].南京社会科学.2008(7):39-46.

99. [美]小艾尔弗雷德·D·钱德勒.看得见的手——美国企业的管理革命[M].柳卸林,译.北京:北京大学出版社.2004.

100. 肖东生,高示佳,谢荷锋.高管—员工薪酬差距、高管控制权与企业成长性——基于中小板上市公司面板数据的实证分析[J].华东经济管理.2014(5):117-122.

101. 肖翔,权忠光.企业价值评估指标体系的构建[J].中国软科学.2004(10):83-87.

102. 许爱玉.企业家能力转型研究:以浙商为例[J].商业经济与管理.2010(7):31-35.

103. 徐宁,徐向艺.控制权激励双重性与技术创新动态能力——基于高科技上市公司面板数据的实证分析[J].中国工业经济.2012(10):109-121.

104. 徐泰玲.家族企业生命周期管理战略创新[J].南京社会科学.2005(S1):83-90.

105. 徐鹏,宁向东.家族化管理会为家族企业创造价值吗?——以中小板家族上市公司为例.科学学与科学技术管理[J].2011(11):144-151.

106. 徐细雄,刘星.创始人权威、控制权配置与家族企业治理转型——基于国美电器"控制权之争"的案例研究[J].中国工业经济.2012(2):139-148.

107. 徐欣,唐清泉.R&D投资、知识存量与专利产出——基于专利产出类型和企业最终控制人视角[J].经济管理.2012(7):49-59.

108. 许忠伟,李宝山.基于企业家生命周期的家族企业传承问题探讨[J].生产力研究.2007(9):107-110.

109. 杨超,山立威.家族企业实际控制人的任期如何影响企业绩效[J].当代财经.2016(3):65-76.

110. 杨宏进.企业技术创新能力评价指标的实证分析[J].统计研究.1998(1):53-58.

111. 杨瑞龙,周业安.一个关于企业所有权安排的规范性分析框架及其理论含义[J].经济研究.1997(1):12-22.

112. 杨学儒,李新春,梁强,李胜文.平衡开发式创新和探索式创新一定有利于提升企业绩效吗?[J].管理工程学报.2011(4):17-25.

113. 叶银华.家族控股集团、核心企业与报酬互动之研究——台湾与香港证券市场之比较[J].管理评论.1999(18):59-86.

114. 叶康涛,祝继高.银根紧缩与信贷资源配置[J].管理世界.2009(1):22-28.

115. 叶勇,刘波,黄雷.终极控制权、现金流量权与企业价值——基于隐性终极控制论的中国上市公司治理实证研究[J].管理科学学报.2007(2):66-79.

116. [美]伊查克·爱迪思.企业生命周期[M].赵睿,译.北京:华夏出版社.2004.

117. 应焕红.产权制度变迁与家族企业成长[J].毛泽东邓小平理论研究,2002(6):76-80.

118. 殷召良.公司控制权法律问题研究[M].北京:法律出版社.2001.

119. 于建霞,曹廷求. 股权结构的国际比较:理论与实证[J]. 山东社会科学. 2002(4):44-46.

120. 于君博,舒志彪. 企业规模与创新产出关系的实证研究[J]. 科学学研究. 2007(2):373-380.

121. 于晓东. 亲缘关系对家族企业资产结构及绩效影响研究——基于委托代理理论和社会情感价值理论的视角[D]. 北京:中国人民大学,2016.

122. 于晓宇. 企业创新战略决策的决定因素——基于区域文化的视角[J]. 科技进步与对策. 2011(18):69-74.

123. 余颖,陈琦伟. 行业集中度与公司控制权市场效率[J]. 当代经济科学. 2001(2):7-10.

124. [以]约拉姆·巴泽尔. 产权的经济分析[M]. 费方域,段毅才,钱敏,译. 上海:格致出版社、上海三联书店. 2017.

125. [美]约瑟夫·A·熊彼特. 经济发展理论[M]. 郭武军,吕阳,译. 北京:华夏出版社. 2015.

126. 云冠平,陈乔之. 东南亚华人企业经营管理研究[M]. 北京:经济管理出版社. 2000.

127. 张炳坤. 论企业的成长性及其财务评价[J]. 经济师. 1998(1):39-40.

128. 张峰,邱玮. 探索式和开发式市场创新的作用机理及其平衡[J]. 管理科学,2013(1):1-13.

129. 张光荣,曾勇. 大股东的支撑行为与隧道行为——基于托普软件的案例研究[J]. 管理世界. 2006(8):126-135.

130. 张华平. 高技术产业创新投入与产出灰关联分析[J]. 中央财经大学学报. 2013(3):61-65.

131. 张建君,张闫龙. 董事长—总经理的异质性、权力差距和融洽关系与组织绩效[J]. 管理世界,2016(1):110-120.

132. 张建宇,蔡双立. 探索性创新与开发性创新的协调路径及其对绩效的影响[J]. 科学学与科学技术管理,2012(5):64-70.

133. 张燃,侯光明,李存金. 论家族企业发展的路径依赖及创新[J]. 中国软科学. 2003(10):67-71.

134. 张维迎. 公有制经济中的委托代理人关系:理论分析和政策含义[J]. 经济研究. 1995(4):31-33.

135. 张维迎. 中国国有企业资本结构存在的问题[J]. 金融研究. 1996(10):27-29.

136. 张维迎. 家族企业的成长与职业经理人[J]. 中国工商. 2001(10):136-139.

137. 郑海航,曾少军. 对家族企业发展趋势的研究[J]. 经济理论与经济管理. 2003(9):38-43.

138. 张小茜,汪炜. 持股结构、决议机制与上市公司控制权[J]. 经济研究. 2008(11):40-50.

139. 张余华. 中国家族企业治理结构研究[J]. 江汉论坛. 2003(3):47-49.

140. 张玉明,梁益琳. 创新型中小企业成长性评价与预测研究——基于我国创业板上市公司数据[J]. 山东大学学报(哲学社会科学版). 2011(5):32-38.

141. 张振刚,张小娟. 企业市场创新概念框架及其基本过程[J]. 科技进步与对策. 2014(1):80-85.

142. 张治河,许珂,李鹏. 创新投入的延迟效应与创新风险成因分析[J]. 科研管理. 2015(5):10-20.

143. 赵昌文,庄道军. 中国上市公司的有效控制权及实证研究[J]. 管理世界. 2004(11):126-135.

144. 赵晖. 高技术企业的R&D投入与组织绩效关系的实证分析[J]. 生产力研究,2010(5):218-223.

145. 赵荔. 企业家隐性知识水平差异的影响因素分析[J]. 科技管理研究. 2009(6):334-335.

146. 中国民(私)营经济研究会家族企业研究课题组. 中国家族企业发

展报告 2011[M]. 北京:中信出版社,2011.

147. 中国民营经济研究会家族企业委员会. 中国家族企业传承报告(2015)[M]. 北京:中信出版社,2015.

148. 中华人民共和国国家统计局网站:http://www. stats. gov. cn/tjsj/tjbz/xzqhdm/201608/t20160809_1386477. html.

149. 中华人民共和国国家统计局网站:http://www. stats. gov. cn/tjsj/tjbz/hyflbz/.

150. 周国红,陆立军. 科技型中小企业成长环境评价指标体系的构建[J]. 数量经济技术经济研究. 2002(2):32 - 35.

151. 周立新. 家族涉入与家族企业创新能力:中国制造业家族企业的实证研究[J]. 研究与发展管理. 2014(1):136 - 144.

152. 周其仁. "控制权回报"和"企业家控制企业"——公有制经济中企业家人力资本产权的案例研究[J]. 经济研究. 1997(5):31 - 42.

153. 周瑜胜,宋光辉. 公司控制权配置、行业竞争与研发投资强度[J]. 科研管理. 2016(21):122 - 131.

154. 朱国泓,杜兴强. 控制权的来源与本质:拓展、融合及深化[J]. 会计研究. 2010(5):54 - 61.

155. 朱沆,叶琴雪,李新春. 社会情感财富理论及其在家族企业研究中的突破. 外国经济与管理. 2012(12):56 - 62.

156. 朱沆,Eric Kushins,周影辉. 社会情感财富抑制了中国家族企业的创新投入吗?[J]. 管理世界. 2016(3):99 - 114.

157. 朱武祥,宋勇. 股权结构与企业价值——对家电行业上市公司实证分析[J]. 经济研究. 2001(12):66 - 72.

158. 邹国庆,倪昌红. 经济转型中的组织冗余与企业绩效:制度环境的调节作用[J]. 中国工业经济. 2010(11):120 - 129.

159. 左勇华,黄吉焱. 家族企业、成员身份与组织行为[J]. 科学·经济·社会. 2016(2):72 - 76.

160. Andersson T., Carlsen J., Getz D. Family business goals in the

tourism and hospitality sector: Case studies and cross-case analysis from Australia, Canada, and Sweden [J]. Family Business Review. 2002, 15 (2): 89-106.

161. Almeida H., Campello M. Financial constraints, asset tangibility, and corporate investment [J]. Social ScienceElectronic Publishing. 2007, 20 (5): 1429-1460.

162. Amato L., Amato C. The effects of firm size and industry on corporate giving[J]. Journal of Business Ethics. 2007, 72(3): 229-241.

163. Amit R., Zott C. Value creation in e-business [J]. Strategic Management Journal. 2001(22): 493-520.

164. Anderson R. C., Reeb D. M. Founding-family ownership and firm performance: evidence from the S&P 500[J]. The Journal of Finance. 2003, 58 (3): 1301-1328.

165. Aronoff C. E., Astrachan J. H., Mendosa D. S., Ward J. L. Making sibling teams work: The next generation (Family Business Leadership Series) [M]. Marietta, GA: Family Enterprise. 1997.

166. Astrachan J. H., Klein S. B., Smyrnios K. X. The F-PEC scale of family influence: A proposal for solving the family business definition problem [J]. Family Business Review. 2002, 15(1): 45-58.

167. Baker G. P., Jensen M. C., Murphy K. J. Compensation and incentives: Practice vs. theory[J]. The Journal of Finance. 1988, 43(3): 593-616.

168. Balakrishnan S., Fox I. Asset specificity, firm heterogeneity and capital structure[J]. Strategic Management Journal. 1993, 14(1): 3-16.

169. Baldridge K., Schulz. Altruism and agency cost in family firms. Working Paper. 1999.

170. Barnes L. B. Incongruent hierarchies: Daughters and younger sons as company CEOs[J]. Family Business Review. 1988, 1(1): 9-21.

171. Baysinger B., Kosnik R., Tuck T. A. Effects of board and ownership

structure on corporate R&D strategy [J]. Academy ofManagement Journal. 1991, 34(1): 205 -214.

172. Benner M. J., Tushman M. L. Exploitation, explorationand process management: the productivity dilemma revisited [J]. Academy of Management Review. 2003, 28(2): 238 -256.

173. Baron R. M., Kenny D. A. The moderator - mediator variable distinction in social psychological research: Conceptual, strategic, and statistical considerations [J]. Journal of Personality and Social Psychology. 1986, 51 (6): 1173 -1182.

174. Barsh J., Capozzi M. M. Managing innovation risk [J]. Engineering Management Review. IEEE, 2009, 37(4): 86 -89.

175. Baum J. A. C., Li S. X., Usher J. M. Making the next move: How experiential and vicarious learning shape the locations of chains'acquisitions [J]. Administrative Science Quarterly. 2000, 45(4):766 -801.

176. Bebchuk L. A. A rent - protection theory of corporate ownership and control[R]. National Bureau of Economic Research. 1999.

177. Beckman C. M. The influence of founding team company affiliations on firm behavior[J]. Academy of Management Journal. 2006, 49(4): 741 -758.

178. Berle A., Means G. The modern corporation and private property [M]. Chicago, IL: Commerce ClearingHouse. 1932.

179. Bertrand M., Shoar A. The role of family in family firms[J]. Journal of Economic Perspectives. 2006, 20(2): 73 -96.

180. Blair M. Ownership and control: Rethinking corporate governance for the twenty - first century[M]. Washington, DC: BrookingsInstitution. 1999.

181. Blumberg P. I., Phillip I. The law of corporate groups[M]. New York, NY: Little, Brown and Company. 1983.

182. Blumberg P. I. The law of corporate groups: tort, contract, and other common law problems in the substantive law of parent and subsidiary corporations

[M]. New York, NY: Aspen Publishers. 1987.

183. Berrone P., Cruz C., Gomez – Mejia L. R. Socioemotional wealth in family firms: Theoretical dimensions, assessment approaches, and agenda for future research[J]. Family Business Review. 2012, 25(3): 258 – 279.

184. Buckley A., Tse K. Real operating options and foreign direct investment: a synthetic approach [J]. EuropeanManagement Journal. 1996, 14(3): 304 – 314.

185. Burton M. D., Beckman C. M. Leaving a legacy: Position imprints and successor turnover in young firms[J]. American Sociological Review. 2007, 72(2): 239 – 266.

186. Cabrera – Suárez K., De Saá – Pérez P., García – Almeida D. The succession process from a resource – and knowledge – based view of the family firm[J]. Family Business Review. 2001, 14(1): 37 – 46.

187. Carney M. Corporate governance and competitive advantage in family – controlled firms[J]. Entrepreneurship Theory and Practice. 2005, 29(3): 249 – 265.

188. Cennamo C., Berrone P., Cruz C., Gomez – Mejia L. R. Socioemotional wealth and proactive stakeholder engagement: Why family – controlled firms care more about their stakeholders[J]. Entrepreneurship Theory and Practice. 2012, 36(6): 1153 – 1173.

189. Chami M. R. What is different about family businesses[M]. Washington, DC: International Monetary Fund. 2001.

190. Chen H. L., Hsu W. T. Family ownership, board independence and R&D investment[J]. Family Business Review. 2009, 22(4): 347 – 362.

191. Chrisman J. J., Chua J. H., Kellermanns F. W., et al. Are family managers agents or stewards? An exploratory study in privately held family firms [J]. Journal of Business Research. 2007, 60(10): 1030 – 1038.

192. Chrisman J. J., Chua J. H. Pearson A. W., et al. Family involvement,

family influence, and family - centered non - economic goals in small firms [J]. Entrepreneurship Theory and Practice. 2012, 36(2): 267 -293.

193. Chua J. H., Chrisman J. J., Sharma P. Defining the family business by behavior[J]. Entrepreneurship: Theory and Practice. 1999, 23(4): 19 -39.

194. Chung J. C., Chin C. H. A multiple criteria evaluation of high - tech industries for the science - based industrial park in Tawan[J]. Information and Management. 2004, 41(7): 839 -851.

195. Claessens S., Fan J. P. H., Djankov S. et al. On expropriation of minority shareholders: evidence from East Asia [J]. Available at SSRN 202390, 1999.

196. Claessens S., Djankov S., Lang L. H. P. The separation of ownership and control in East Asian corporations[J]. Journal of financial Economics. 2000, 58(1): 81 -112.

197. Coleman J. S. Social capital in the creation of human capital [J]. American Journal of Sociology. 1990, 94(S):95 -120.

198. Cronqvist H., Nisson M. Agency costs of controlling minority shareholders[J]. Journal of Financial and Quantitative Analysis. 2003, 38(4): 695 -719.

199. Cruz C., Justo R., De Castro J. O. Does family employment enhance MSEs performance? Integrating socioemotional wealth and family embeddedness perspectives[J]. Journal of Business Venturing. 2012, 27(1): 62 -76.

200. Cyert R. M., March J. G. A behavioral theory of the firm[M]. 2nd ed. Englewood Clifyfs, Prentice Hall, NJ. 1963.

201. Daily C. M., Dollinger M. J. An empirical examination of ownership structure in family and professionally managed firms[J]. Family Business Review. 1992, 5(2): 117 -136.

202. Daily C. M., Dollinger M. J. Alternative methodologies for identifying family - versus nonfamily - managed businesses[J]. Journal of Small Business Management. 1993, 31(2): 79.

203. Davis J. H., Schoorman F. D., Donaldson L. Toward a stewardship theory of management[J]. Academy of Management review. 1997, 22(1): 20-47.

204. DeHayes D. W., Haeberle W. L. University alumni small business research program: A study of emerging businesses[J]. Bloomington: Centre for Entrepreneurship and Innovation, Indiana University. 1990.

205. Delmar F., Davidsson P., Gartner W. B. Arriving at the high-growth firm[J]. Journal of Business Venturing. 2003, 18(2): 189-216.

206. Delmar F., Wiklund J. The effect of small business managers' growth motivation on firm growth: A longitudinal study[J]. Entrepreneurship Theory and Practice. 2008, 32(3): 437-457.

207. Demsetz H. The structure of ownership and the theory of the firm [J]. The Journal of Law and Economics. 1983, 26(2): 375-390.

208. Demsetz H., Lehn K. The structure of corporate ownership: Causes and consequences[J]. Journal of Political Economy. 1985, 93(6): 1155-1177.

209. Demsetz H. The economics of the business firm: Seven critical commentaries. New York: Cambridge University Press. 1997.

210. DiMaggio P. J. Interest and agency in institutional theory [J]. Institutional patterns and organizations: Cultureand environment. 1988: 3-21.

211. Donaldson L., Davis J. H. Stewardship theory or agency theory: CEO governance and shareholder returns[J]. Australian Journal of Management. 1991, 16(1): 49-64.

212. Donaldson T., Preston L. E. The stakeholder theory of the corporation: Concepts, evidence and implications [J]. Academy of Management Review. 1995, 20(1): 65-91.

213. Donckels R., Frohlich E. Are family businesses really different? European experiences from STRATOS[J]. Family Business Review. 1991, 4(2): 149-160.

214. Déniz M. C. D., Suárez M. K. C. Corporate social responsibility and family business in Spain[J]. Journal of Business Ethics. 2005, 56(1): 27 - 41.

215. Donnelley R. G. The family business [J]. Family Business Review. 1988, 1(4): 427 - 445.

216. Dosi G. Sources, procedures, and microeconomic effects of innovation [J]. Journal of Economic Literature. 1988, 26(3):1120 - 1171.

217. Drozdow N. What is continuity? [J]. Family Business Review. 1998, 11(4): 337 - 347.

218. Dyer W. G., Dyer W. J., Gardner R. G. Should my spouse be my partner? Preliminary evidence from the panel study of income dynamics[J]. Family Business Review. 2013, 26(1): 68 - 80.

219. Edwards J. R., Lambert L. S. Methods for integrating moderation and medation: A general analytical framework using moderated path analysis [J]. Psychological Methods. 2007, 12(1): 1 - 22.

220. Eisenhardt K. M. Agency theory: An assessment and review[J]. Academy of Management Review. 1989, 14(1): 57 - 74.

221. Eisenhardt K. M., Schoonhoven C. B. Organizational growth: Linking founding team, strategy and growth among U. S. semiconductor ventures, 1978 - 1988[J]. Administrative Science Quarterly. 1990(35): 504 - 529.

222. Ettlie J. E. R&D and global manufacturing performance [J]. Management Science. 1998, 44(1): 1 - 11.

223. Fama E. F., Jensen M. C. Separation of ownership and control[J]. The Journal of Law and Economics. 1983, 26(2): 301 - 325.

224. Farrington S. M., Venter E., Boshoff C. The role of selected team design elements in successful sibling teams[J]. Family Business Review. 2012, 25 (2): 191 - 205.

225. Filatochev I., Lien Y. C., Piesse J. Corporate governance and performance in publicly listed, family - controlled firms: Evidence from Taiwan[J]. Asia

Pacific Journal of Management. 2005, 22(3): 257 - 283.

226. Finkelstein S. Power in top management teams: Dimensions, measurement and validation [J]. Academy of Management Journal. 1992, 35 (3): 505 - 538.

227. Fitzgerald M. A., Muske G. Copreneurs: An exploration and comparison to other family businesses [J]. Family Business Review. 2002, 15 (1): 1 - 16.

228. Franklin C., Streeter C. L., Springer D. W. Validity of the FACES IV family assessment measure[J]. Research on Social Work Practice. 2001, 11(5): 576 - 596.

229. Freeman C., Soete L. The economics of industrial innovation[M]. East Sussex, UK: Psychology Press. 1997.

230. Friedman S. D. Sibling relationships and intergenerational succession in family firms[J]. Family Business Review. 1991, 4(1): 3 - 20.

231. Fritz M. S., MacKinnon D. P. Required sample size to detect the mediated effect[J]. Psychological Science. 2007, 18(3): 233 - 239.

232. Gage D., Gromala J., Kopf E. Successor partners: Gifting or transferring a business or real property to the next generation[J]. ACTEC Journal. 2004, 30: 193 - 197.

233. Gersick K., Davis J., Hampton M., Lansberg I. Generation to generation: Life cycles of the family business [M]. Boston, MA: Harvard Business School Press. 1997.

234. Gersick K. E., Lansberg I., Desjardins M., et al. Stages and transitions: Managing change in the family business [J]. Family Business Review. 1999, 12(4): 287 - 297.

235. Ghosh B. C., Kwan W. An analysis of key success factors of SMEs: A cross national study of Singapore/Malaysia and Australia/New Zealand [J]. ICSB, Sweden, in the proceedings of selected papers. 1996.

236. Gillis – Donovan J., Moynihan – Bradt C. The power of invisible women in the family business [J]. Family Business Review. 1990, 3(2): 153 – 167.

237. Gomes A. Going public without governance: managerial reputation effects[J]. The Journal of Finance. 2000, 55(2): 615 – 646.

238. Gomes A. R., Novaes W. Sharing of control as a corporate governance mechanism[J]. 2005:1 – 12.

239. Gómez – Mejía L. R., Haynes K. T., Núñez – Nickel M., Jacobson K. J., Moyano – Fuentes J. Socioemotional wealth and business risks in family – controlled firms: Evidence from Spanish olive oil mills[J]. Administrative Science Quarterly. 2007, 52(1): 106 – 137.

240. Gomez – Mejia L. R., Hoskisson R. E., Makri M., Sirmon D., Campbell J. T. Innovation and the preservation of socioemotional wealth: The paradox of R&D investment in family controlled high technology firms (Unpublished manuscript). Mays Business School. Texas A&M University. 2011.

241. Gomez – Mejia L. R., Cruz C., Berrone P., et al. The bind that ties: Socioemotional wealth preservation in family firms[J]. The Academy of Management Annals. 2011, 5(1): 653 – 707.

242. Gomez – Mejia L. R., Campbell J. T., Martin G., Hoskisson R. E., Makri M., Sirmon D. G. Socioemotional wealth as a mixed gamble: revisiting family firm R&D invest ments with the behavioral agency model [J]. Entrepreneurship Theory and Practice. 2014, 38(6): 1351 – 1374.

243. Griliches Z. Market value, R&Dand patents [J]. Economics Letters. 1981, 7(2): 183 – 187.

244. Griliches Z. Patents statistics as economic indicators: a survey [J]. Journal of Economic Literature. 1990, 28 (4): 1661 – 1707.

245. Grinstein Y., Hribar P. CEO compensation and incentives: Evidence from M&A bonuses [J]. Journal of Financial Economics. 2004, 73 (1):

119 – 143.

246. Grossman S. J. , Hart O. D. Corporate financial structure and managerial incentives [M]//MCCALL J. The Economics of Information and Uncertainty. Chicago, IL: University of Chicago Press. 1982.

247. Grossman S. J. , Hart O. D. One share/one vote and the market for corporate control[J]. Journal of Financial Economics. 2007, 20(88): 175 – 202.

248. Grote J. Conflicting generations: A new theory of family business rivalry [J]. Family Business Review. 2003, 16(2): 113 – 124.

249. Gupta V. , Levenburg N. A thematic analysis of cultural variations in family businesses: The CASE project [J]. Family Business Review. 2010, 23 (2): 155 – 169.

250. Haleblian J. , Finkelstein S. Top management team size, CEO dominance, and firm performance: Themoderating roles of environmental turbulence and discretion[J]. Academy of Management Journal. 1993, 36(4): 844 – 863.

251. Handler W. C. Succession in family business: A review of the research [J]. Family Business Review. 1994, 7(2): 133 – 157.

252. Harris M. , Raviv A. Corporate governance: Voting rights and majority rules [J]. Journal of FinancialEconomics. 1988(20): 203 – 235.

253. Harris D. , Martinez J. I. , Ward J. L. Is strategy different for the family – owned business? [J]. Family Business Review. 1994, 7(2): 159 – 174.

254. Hart O. , Moore J. Default and renegotiation: A dynamic model of debt [J]. The Quarterly Journal of Economics. 1998, 113(1): 1 – 41.

255. Hayes A. F. Beyond Baron and Kenny: Statistical mediation analysis in the new millennium[J]. Communication Monographs. 2009, 76(4): 408 – 420.

256. He Z. L. , Wong P. K. Exploration vs. exploitation: An empirical test of the ambidexterity hypothesis [J]. Organization Science. 2004, 15 (4): 481 – 494.

257. Heugens P. P. M. A. R. , van Essen M. , van Ooster hout J. Meta – analyzing ownership concentration and firm performance in Asia: Towards a more

fine-grained under standing[J]. Asia Pacific Journal of Management. 2009, 26(3): 481-512.

258. Holderness C. G., Sheehan D. P. The role of majority shareholders in publicly held corporations: An exploratory analysis[J]. Journal of Financial Economics. 1988, 20: 317-346.

259. Holland P. G., Boulton W. R. Balancing the "family" and the "business" in family business[J]. Business Horizons. 1984, 27(2): 16-21.

260. Holmén M., Högfeldt P. Pyramidal discounts: Tunneling or overinvestment? [J]. International Review of Finance. 2009, 9(1-2): 133-175.

261. Hoskisson R. E., Hitt M. A. Strategic control systems and relative R&D investment in large multiproductfirms[J]. Strategic Management Journal. 1988, 9(6): 605-621.

262. Hutchinson R. W. The capital structure and investment decision of the small owner-managed firm: Some exploratory issues[J]. Small Business Economics. 1995, 7(3): 231-239.

263. Jain B. A., Kini O. Does the presence of venture capitalists improve the survival profile of IPO firms? [J]. Journal of Business Finance & Accounting. 2000, 27(9-10): 1139-1183.

264. Jensen M. C., Meckling W. H. Theory of the firm: Managerial behavior, agency costs and ownership structure [J]. Journal of financial economics. 1976, 3(4): 305-360.

265. Jensen M. C. Agency costs of free cash flow, corporate finance, and takeovers[J]. The American Economic Review. 1986, 76(2): 323-329.

266. Jimenez R. M. Research on women in family firms: Current status and future directions[J]. Family Business Review. 2009, 22(1): 53-64.

267. Johannisson B., Huse M. Recruiting outside board members in the small family business: An ideological challenge[J]. Entrepreneurship & Regional Development. 2000, 12(4): 353-378.

268. Johnson S., Boone P., Breach A., et al. Corporate governance in the Asian financial crisis[J]. Journal of Financial Economics. 2000, 58(1): 141-186.

269. Johnson S. H., La Porta R., Lopez F., De Silanes, Shleifer A. Tunnelling[J]. The American Economic Review. 2000, 2(90): 22-27.

270. Jones C. D., Makri M., Gomez-Mejia L. R. Affiliate directors and perceived risk bearing in publicly traded, family-controlled firms: The case of diversification [J]. Entrepreneurship Theory and Practice. 2008, 32(6): 1007-1026.

271. Tsui J. S. L., Jaggi B., Gul F. A. CEO domination, growth opportunities, and their impact on audit fees[J]. Journal of Accounting, Auditing & Finance. 2001, 16(3): 189-208.

272. Kang S. Three essays on the strategic effects of debt on firms' R&D decisions[D]. Indiana University, 2004.

273. Kaplan S. N., Strömberg P. Financial contracting theory meets the real world: An empirical analysis of venture capital contracts[J]. The Review of Economic Studies. 2003, 70(2): 281-315.

274. Karra N., Tracey P., Phillips N. Altruism and agency in the family firm: Exploring the role of family, kinship, and ethnicity[J]. Entrepreneurship Theory and Practice. 2006, 30(6): 861-877.

275. Kellermanns F. W., Eddleston K. A., Zellweger T. M. Extending the socioemotional wealth perspective: A look at the dark side[J]. Entrepreneurship Theory and Practice. 2012, 36(6): 1175-1182.

276. Klein B., Crawford R. G., Alchian A. A. Vertical integration, appropriable rents, and the competitive contracting process[J]. The Journal of Law and Economics. 1978, 21(2): 297-326.

277. Klein S. B., Astrachan J. H., Smyrnios K. X. The F-PEC scale of family influence: Construction, validationand further implication firm theory [J]. Entrepreneurship Theory and Practice. 2005, 29(3): 321-339.

278. Kohn M. L. , Schooler C. Work and personality: An inquiry into the impact of social stratification[M]. Norwood, MA: Ablex. 1983.

279. Kole S. R. The complexity of compensation contracts[J]. Journal of Financial Economics. 1997, 43(1): 79–104.

280. Kotler P. Marketingmanagement: Analysis, planning, implementation, and control[M]. Upper Saddle River, NJ: Prentice–Hall. 1988.

281. Laitinen E. K. A dynamic performance measurement system: evidence from small finnish technology companies[J]. Scandinavian Journal of Management. 2002, 18(1): 65–99.

282. Lambrecht J. Multigenerational transition in family businesses: A new explanatory model[J]. Family Business Review. 2005, 18(4): 267–282.

283. Lambrecht J. , Lievens J. Pruning the family tree: An unexplored path to family business continuity and family harmony [J]. Family Business Review. 2008, 21(4): 295–313.

284. Lang T. M. , Lin S. H. , Vy T. N. T. Mediate effect of technology innovation capabilities investment capability and firm performance in Vietnam [J]. Procedia–Social and Behavioral Sciences. 2012, 40: 817–829.

285. Lansberg I. Succeeding generations. Realizing the dream of families in business[M]. Boston, MA: Harvard Business School Press. 1999.

286. La Porta R. , Lopez–de–Silanes F. , Shleifer A. Corporate ownership around the world[J]. The journal of finance, 1999, 54(2): 471–517.

287. La Porta R. , Lopez–De–Silanes F. , ShleiferA. et al. Investor protection and corporate governance [J]. Journal of Financial Economics. 2000, 58(1): 3–27.

288. Lee J. , Tan F. Growth of Chinese family enterprises in Singapore [J]. Family Business Review. 2001, 14(1): 49–74.

289. Lee P. M. Ownership structures and R & D investments of U. S. and Japanese firms: agency and stewardship perspectives [J]. Academy of Manage-

ment Journal. 2003, 46(2): 212 – 225.

290. Lee I. H., Marvel M. R. The moderating effects of home region orientation on R&D investment and international SME performance: Lessons from Korea [J]. European Management Journal. 2009, 27(5): 316 – 326.

291. Levinson H. Conflicts that plague family businesses[J]. Harvard Business Review. 1971, 49(2): 90 – 98.

292. Li Y., Liu Y., Duan Y., et al. Entrepreneurial orientation, strategic flexibilities and indigenous firm innovation in transitional china [J]. International Journal of Technology Management. 2008, 41(1/2): 223 – 246.

293. Lin N. Social Resources and Instrumental Action, in Peter Marsden and Nan Lin (Eds.). Social Structure and Network Analysis[M]. Beverly Hills, CA: Sage Publications. 1982.

294. Lin C., Ma Y., Malatesta P., Xuan Y. Corporate Ownership Structure and Bank Loan Syndicate Structure[J]. Journal of Financial Economics. 2012, 104(1): 1 – 22.

295. Lins K V. Equity ownership and firm value in emerging markets [J]. Journal of Financial and Quantitative Analysis. 2003, 38(1): 159 – 184.

296. Liu Q., Zheng Y., Zhu Y. The Evolution and Consequence of Chinese Pyramids[J]. Peking University Working Paper. 2011.

297. Lounsbury M., Glynn M. A. Cultural entrepreneurship: Stories, legitimacy, and the acquisition of resources[J]. Strategic Management Journal. 2001, 22(6 – 7): 545 – 564.

298. MacMillan I. C., Zemann L., Subbanarasimha P. N. Criteria distinguishing successful from unsuccessful ventures in the venture screening process [J]. Journal of Business Venturing. 1987, 2(2): 123 – 137.

299. MacKinnon D. P., Lockwood C. M., Hoffman J. M., West S. G., Sheets V. A. A comparison of methods to test mediation and other intervening variable effects[J]. Psychological Methods. 2002, 7(1): 83 – 104.

300. MacKinnon D. P. Introduction to statistical mediation analysis [M]. Mahwah, NJ: Earlbaum. 2008.

301. Mahto R. V., Davis P. S., Pearce I. I., et al. Satisfaction with firm performance in family businesses [J]. Entrepreneurship Theory and Practice. 2010, 34(5): 985 - 1001.

302. Mansfield E. Entry, Gibrat's law, innovation, and the growth of firms [J]. The American Economic Review. 1962, 52(5): 1023 - 1051.

303. March J. G. Rationality, foolishness, and adaptive intelligence [J]. Strategic Management Journal. 2006, 27(3): 201 - 214.

304. McConnell J. J., Servaes H. Additional evidence on equity ownership and corporate value[J]. Journal of Financial economics. 1990, 27(2): 595 - 612.

305. Megna P., Klock M. The impact of intangible capital on Tobin Q in the semiconductor industry [J]. American Economic Review. 1993, 83 (2): 265 - 269.

306. Mehran H. Executive compensation structure, ownership, and firm performance[J]. Journal of Financial Economics. 1995, 38(2): 163 - 184.

307. Memili E., Chrisman J. J., Chua J. H. Transaction costs and outsourcing decisions in small - and medium - sized family firms[J]. Family Business Review. 2011, 24(1): 47 - 61.

308. Miller W. D. Siblings and succession in the family business [J]. Harvard Business Review. 1998(76): 22 - 40.

309. Miller D., Le Breton - Miller I. Managing for the Long Run [M]. Boston, MA: Harvard Business School Press. 2005.

310. Miller D., Le Breton - Miller I. Family governance and firm performance: Agency, stewardship, and capabilities[J]. Family Business Review. 2006, 19(1):73 - 87.

311. Miller D., Breton - Miller L. Deconstructing socioemotional wealth [J]. Entrepreneurship Theory and Practice. 2014, 38(4): 713 - 720.

312. Mitton T. A cross - firm analysis of the impact of corporate governance

on the East Asian financial crisis[J]. Journal of Financial Economics. 2002, 64(2): 215 – 241.

313. Morck R., Shleifer A., Vishny R. W. Management ownership and market valuation: An empirical analysis[J]. Journal of Financial Economics. 1988, 20: 293 – 315.

314. Morck R., Nakamura M., Shivdasani A. Banks, ownership structure, and firm value in Japan[J]. The Journal of Business. 2000, 73(4): 539 – 567.

315. Randall M., Yeung B. Agency problems in large family business groups[J]. Entrepreneurship Theory and Practice. 2003, Summer: 367 – 382.

316. Munoz – Bullón F., Sanchez – BuenoM. J. The impact of family involvement on the R&D intensity of publicly traded firms[J]. Family Business Review. 2011, 24(1): 62 – 70.

317. Muller D., Judd C. M., Yzerbyt V. Y. When moderation is mediated and mediation is moderated[J]. Journal of Personality and Social Psychology. 2005, 89(6): 852 – 863.

318. Myers S. C. The Capital Structure Puzzle[J]. Journal of Finance. 1984, 39(3): 575 – 592.

319. Neubauer F., Lank A. G. The Family Business [M]. London, UK: Macmillan. 1998.

320. Nicholson N. Evolutionary psychology and family business: A new synthesis for theory, research, and practice[J]. Family Business Review. 2008, 21(1): 103 – 118.

321. Ntzoufras I. Bayesian modeling using WinBUGS [M]. Hoboken, NJ: Wiley. 2009.

322. Pagano M., Röell A. The choice of stock ownership structure: Agency costs, monitoring, and the decision to go public[J]. The Quarterly Journal of Economics. 1998, 113(1): 187 – 225.

323. Penrose E. The theory of the growth of the firm[M]. New York, NY:

Wiley. 1959.

324. Perricone P. J. , Earle J. R. , Taplin I. M. Patterns of succession and continuity in family - owned businesses:Study of an ethnic community[J]. Family Business Review. 2001, 14(2): 105 - 121.

325. Pindado J. , Requejo I. , de la Torre C. Family control and investment - cash flow sensitivity: Empirical evidence from the Euro zone[J]. Journal of Corporate Finance. 2011, 17(5): 1389 - 1409.

326. Ponthieu L. D. , Caudill H. L. Who's the boss? Responsibility and decision making in copreneurial ventures[J]. Family Business Review. 1993, 6(1): 3 - 17.

327. Poppo L. , Zenger T. Do formal contracts and relational governance function as substitutes or complements? [J]. Strategic Management Journal. 2002, 23(8): 707 - 725.

328. Porta R. L. , Lopez - de - Silanes F. , Shleifer A. , et al. Law and finance[J]. Journal of Political Economy. 1998, 106(6): 1113 - 1155.

329. Porter M. E. Towards a dynamic theory of strategy[J]. Strategic Management Journal. 1991, 12(S2): 95 - 117.

330. Poza E. J. , Messer T. Spousal leadership and continuity in the family firm[J]. Family Business Review. 2001, 14(1): 25 - 36.

331. Poutziouris P. The views of family companies on venture capital: Empirical evidence from the UK small to medium - size enterprising economy [J]. Family Business Review. 2001,14(3):225 - 239.

332. Preacher K. J. , Hayes A. F. SPSS and SAS procedures for estimating indirect effects in simple mediation models[J]. Behavior Research Methods, Instruments, & Computers. 2004, 36(4): 717 - 731.

333. Preacher K. J. , Rucker D. D. , Hayes, A. F. Addressing moderated mediation hypotheses: Theory, methods and prescriptions [J]. Multivariate Behavioral Research. 2007, 42(1): 185 - 227.

334. Rajan R. G. , Luigi Z. Power in a theory of the firm. NBER Working papers 6274, National Bureau of Economic Research, Inc. 1997.

335. Rajan R. G. , Wulf J. Are perks purely managerial excess? [J]. Journal of Financial Economics. 2006, 79(1): 1 - 33.

336. Redding S. G. The Spirit of Chinese Capitalism[M]. NewYork, NY: Walter de Gruyter. 1990.

337. Rowe B. R. , Hong G. S. The role of wives in family businesses: The paid and unpaid work of women[J]. Family Business Review. 2000, 13(1): 1 - 13.

338. Rucker D. D. , Preacher K. J. , Tormala Z. L. , Petty R. E. Mediation analysis in social psychology: Current practices and new recommendations [J]. Social and Personality Psychology Compass. 2011, 5(6): 359 - 371.

339. Rutherford M. W. , Muse L. A, Oswald S. L. A new perspective on the developmental model for family business[J]. Family Business Review. 2006, 19 (4): 317 - 333.

340. Salvato C. , Corbetta G. Transitional leadership of advisors as a facilitator of successors' leadership construction[J]. Family Business Review. 2013, 26 (3): 235 - 255.

341. Santiago A. L. The family in family business case of the in - laws in Philippine businesses[J]. Family Business Review. 2011, 24(4): 343 - 361.

342. Scherer F. Corporate inventive output, profits and growth[J]. The Journal of Political Economy. 1965, 73(3): 290 - 297.

343. Schulze W. , Lubatkin M. H. , Ling Y. , Dino R. N. , Buchholtz A. K. Agency Relationships in Family Firms: Theory and Evidence [J]. Organization Science. 2001, 12(2): 99 - 116.

344. Schulze W. S. , Lubatkin M. , Dino R. Dispersion of ownership and agency in family firms[J]. Academy of Management Journal. 2003, 46(2): 179 - 194.

345. Schulze W. S, Lubatkin M. H, Dino R. N. Toward a theory of agency

and altruism in family firms[J]. Journal of Business Venturing. 2003, 18(4): 473 – 490.

346. Schumacker R. E. , Marcoulides G. A. Interaction and nonlinear effects in structural equation modeling [M]. Mahwah, NJ: Lawrence Erlbaum Associates. 1998.

347. Schumpeter J. A. The theory of economic development: An inquiry into profits, capital, credit, interest, and the business cycle[M]. Piscataway, NJ: Transaction Publishers. 1934.

348. Sharma P. , Manikutty S. Strategic divestments in family firms: Role of family structure and community culture[J]. Entrepreneurship Theory and Practice. 2005, 29(3): 293 – 311.

349. Shen W. , Cannella Jr. A. A. Revisiting the performance consequences of CEO succession: The impacts of successor type, postsuccession senior executive turnover, and departing CEO tenure [J]. Academy of management journal. 2002, 45(4): 717 – 733.

350. Shepherd D. A. Structuring family business succession: An analysis of the future leaders decision making [J]. Entrepreneurship: Theory & Practice. 2000, 24(4): 16 – 40.

351. Shleifer A. , Vishny R. W. Large shareholders and corporate control [J]. Journal of Political Economy. 1986, 94(3, Part 1): 461 – 488.

352. Shleifer A. , VishnyR. W. A survey of corporate governance[J]. Journal of Finance. 1997, 52(2): 737 – 783.

353. Sieger P. , Zellweger T. , Nason R. S. et al. Portfolio entrepreneurship in family firms: A resource – based perspective[J]. Strategic Entrepreneurship Journal. 2011, 5(4): 327 – 351.

354. Simon H. A. Altruism and economics[J]. The American Economic Review. 1993, 83(2): 156 – 161.

355. Singer J. , Donoho C. Strategic management planning for the successful

family business[J]. Journal of Business and Entrepreneurship. 1992, 4(3): 39.

356. Sobel M. E. Asymptotic confidence intervals for indirect effects in structural equation models[J]. Sociological Methodology. 1982, 13:290 -312.

357. Stavrou E., Kassinis G., Filotheou A. Downsizing and stakeholder orientation among the Fortune 500: Does family ownership matter? [J]. Journal of Business Ethics, 2007, 72(2): 149 -162.

358. Steier L. Next - generation entrepreneurs and succession: An exploratory study of modes and means of managing social capital[J]. Family Business Review. 2001, 14(3): 259 -276.

359. Stockmans A., Lybaert N., Voordeckers W. Socioemotional wealth and earnings management in private family firms[J]. Family Business Review. 2010, 23(3): 280 -294.

360. Swagger G. Assessing the successor generation in family businesses [J]. Family Business Review. 1991, 4(4): 397 -411.

361. Teece D. J. Explicating dynamic capabilities: The nature and microfoundations of (sustainable) enterprise performance[J]. Strategic Management Journal. 2007, 28(13): 1319 -1350.

362. Tirole J. Corporate Governance[J]. Econometrica. 2001, 69(1): 1 -35.

363. Tobin J. A general equilibrium approach to monetary theory[J]. Journal of Money, Credit and Banking. 1969, 1(1): 15 -29.

364. Trivers R. L. The evolution of reciprocal altruism[J]. The Quarterly Review of Biology. 1971, 46(1): 35 -57.

365. Uzzi B. Social structure and competition in interfirm networks: The paradox of embeddedness[J]. Administrative Science Quarterly. 1997, 42(1): 35 -67.

366. Van A. H., Werbel J. Family dynamic and family business financial performance: Spousal commitment[J]. Family Business Review. 2006, 19(1): 49 -63.

367. Villalonga B., Amit R. Family Control of Firms and Industries [J]. Fi-

nancial Management. 2010, 39(3): 863 - 904.

368. Ward J. L. Growing the family business: Special challenges and best practices[J]. Family Business Review. 1997, 10(4): 323 - 337.

369. Ward J. L. Perpetuating the family business. 50 lessons learned from long - lasting successful families in business[M]. New York, NJ: Palgrave Macmillan. 2004.

370. Weick K. E. Sense making in organizations[M]. Thousand Oaks, CA: Sage. 1995.

371. Weinzimmer L. G., Nystrom P. C., Freeman S. J. Measuring organizational growth: Issues, consequences and guidelines [J]. Journal of Management. 1998, 24(2): 235 - 262.

372. Westhead P., Cowling M. Performance Contrasts between Family and Non - family Unquoted Companies inthe UK[J]. International Journal of Entrepreneurial Behavior and Research. 1997,3(1):30 - 52.

373. Westhead P., Cowling M. Family firm research: The need for a methodological rethink[J]. Entrepreneurship: Theory and Practice. 1998, 23(1): 31 - 33.

374. Williamson O. The economic institutions of capitalism[M]. New York, NJ: Free Press. 1985.

375. Wiwattanakantang Y. Controlling shareholders and corporate value: Evidence from Thailand [J]. Pacific - Basin Finance Journal. 2001, 9(4): 323 - 362.

376. Wolfenzon D. A theory of pyramidal ownership[J]. Unpublished working paper. Cambridge, MA: Harvard University Press. 1999.

377. Wu Z. Altruism and the family firm: Some theory[D]. Department of Economics. University of Calgary. 2001.

378. Xu X., Wang Y. Ownership structure and corporate governance in Chinese stock companies[J]. China Economic Review. 1999, 10(1): 75 - 98.

379. Yang P. C., Wee H. M., Liu B. S. Mitigating hi - tech products risks due to rapid technological innovation[J]. Omega. 2011, 39(4): 456 - 463.

380. Yermack D. Higher market valuation of companies with a small board of directors[J]. Journal of Financial Economics. 1996, 40(2):185-221.

381. Yuan Y., MacKinnon D. P. Bayesian mediation analysis [J]. Psychological Methods. 2009, 14(4):301-322.

382. Zellweger T. M., Astrachan J. H. On the emotional value of owning a firm[J]. Family Business Review. 2008, 21(4): 347-363.

383. Zellweger T. M., Kellermanns F. W., Chrisman J. J., et al. Family control and family firm valuation by family CEOs: The importance of intentions for transgenerational control[J]. Organization Science. 2012, 23(3): 851-868.

384. Zellweger T., Nason R. A stakeholder perspective on family firm performance[J]. Family Business Review. 2008, 21(3): 203-216.

385. Zhang Y., Rajagopalan N. When the known devil is better than an unknown God: An empirical study of the antecedents and consequences of relay CEO ParChiessions [J]. Academy of Management Journal. 2004, 47(4): 483-500.

386. Zhao X., Lynch Jr. J. G., Chen Q. Reconsidering Baron and Kenny: Myths and truths about mediation analysis [J]. Journal of Consumer Research. 2010, 37(2): 197-206.

387. Zilber T. B. Institutionalization as an interplay between actions, meanings, and actors: The case of a rape crisis center in Israel[J]. Academy of Management Journal. 2002, 45(1): 234-254.

重要术语索引表

C

创新战略(Innovation Strategy) 2

J

家族控制权(Family Control) 3

家族企业(Family Firms) 1

P

配偶关系(Spouse Relationship) 3

Q

企业成长性(Firm Growth) 6

企业绩效(Firm Performance) 2

企业价值(Firm Value) 3

亲缘关系(Kinship) 3

亲子关系(Parent-child Relationship) 3

S

社会情感财富理论(Socioemotional Wealth) 4

T

堂表兄弟姐妹关系(Cousin Relationship) 12

W

委托代理理论(Principal – agent Theory) 5

X

兄弟姐妹关系(Sibling Relationship) 6

Y

姻亲亲子关系(Child – in – law Relationship) 6
姻亲兄弟姐妹关系(Sibling – in – law Relationship) 6